SOUVENIRS

DE LA

NOUVELLE-CALÉDONIE

IL A ÉTÉ TIRÉ DE CET OUVRAGE

5 exemplaires numérotés sur papier de Chine

Et 50 suites de gravures hors texte sur papier de Chine.

à bord de la Vire. Nouméa
8 août 1876.

SOUVENIRS

DE LA

NOUVELLE-CALÉDONIE

— L'INSURRECTION CANAQUE —

PAR

HENRI RIVIÈRE

ÉDITION ILLUSTRÉE D'UN BEAU PORTRAIT DE L'AUTEUR
ET DE 45 VIGNETTES DONT 17 HORS TEXTE
Par J. FÉRAT

PARIS
CALMANN LÉVY, ÉDITEUR
ANCIENNE MAISON MICHEL LÉVY FRÈRES
3, RUE AUBER, ET BOULEVARD DES ITALIENS, 15
A LA LIBRAIRIE NOUVELLE
—
1881
Droits de reproduction et de traduction réservés

1

LA NOUVELLE-CALÉDONIE A VOL D'OISEAU.

eut-être, avant tout, est-il à propos de dire rapidement ce qu'est la Nouvelle-Calédonie comme géographie et comme histoire. Le lecteur, après avoir pris connaissance de cette terre lointaine, s'y dirigera plus à l'aise et y suivra mieux les divers incidents de l'insurrection canaque.

La Nouvelle-Calédonie s'étend du sud-est au nord-ouest, entre les 20° 10′ et 22° 26′ de latitude méridionale et entre les méridiens de 161° et 164° 25′ à l'est du méridien de Paris. C'est, après la Nouvelle-Zélande, l'île la plus considérable de ce « monde maritime » ou de cette Océanie qui comprend toutes les îles éparses baignées par l'océan Pacifique. Le sol est montagneux et de formation très ancienne. La nature y a éprouvé de violentes convulsions, dont on retrouve les traces à chaque pas. La partie la plus bouleversée est le centre même de l'île. Les massifs des montagnes y semblent jetés dans le plus grand désordre. Sans se relier les uns aux autres, ils se composent le plus souvent de deux ou trois sommets très élevés, projetant d'énormes contreforts dans toutes les directions et dont les pentes à peu près inaccessibles encaissent tantôt de simples filets d'eau, tantôt des torrents considérables. La côte est, à l'exception de quelques baies, bordée de falaises escarpées et de pentes abruptes; la côte sud, où le sol est rouge et ferrugineux, est moins accidentée. Les contreforts des montagnes ne viennent plus que rarement jusqu'à la mer et sont remplacés par des collines d'une inclinaison douce. Les plaines y sont vastes et fertiles. Au sud comme à l'ouest, ces plaines alternent avec de grandes forêts que forme une végétation serrée et où dominent les grands arbres du chêne-gomme, du kaori, du pin colonnaire et du tamanou. Dans les plaines, l'herbe haute, la ronce vivace, l'arbuste nain, le laurier-rose, le cactus épineux, le bananier, le palmier grêle et svelte avec son parasol de verdure, et le cocotier rugueux à larges feuilles. La plaine est souvent aussi peuplée de grands arbres, dont l'espèce la plus connue est le niaouli. La feuille mâchée a la saveur du thym et calme la soif du voyageur. Elle assainit l'air et les marais où elle tombe et est une des causes de la salubrité du pays. L'écorce s'en détache toute blanche avec de longs filaments, s'émiette sous le doigt; elle sert à la toiture et aux cloisons des cases canaques, et la nuit, entre leurs mains, s'allume comme une torche. Le niaouli ressemble au bouleau par son écorce, ses rameaux peu serrés et la petitesse de ses feuilles. Il est habitant ordinaire des étendues du sol que les forêts n'envahissent pas; son parfum est pénétrant et se dissémine dans l'air, par intermittences toutefois. C'est le génie de la santé, bienfaisant, un peu mystérieux. Le nord de l'île, où se trouvent, ainsi que dans le nord-est, les mines de cuivre, de nickel et d'or, a des roches basaltiques de formes bizarres et des falaises toutes percées de grottes.

Sur toute l'île, qui a environ dix lieues de large et cent vingt de long, il n'y a qu'un seul animal, un oiseau, le kagou. Encore est-il rare. Il habite les forêts, a quelque chose du hibou et est d'un aspect triste, avec un gloussement monotone.

Il n'y a ni fauves dans les forêts, ni oiseaux dans

l'air, ni bêtes courantes dans la plaine. Aussi cette nature volcanique et puissante, cette flore luxuriante des tropiques n'ont-elles point de bruits vivants. Elles ne tressaillent qu'au souffle du vent. La Nouvelle-Calédonie est silencieuse.

L'île entière, à une distance plus ou moins rapprochée de ses bords, est entourée d'une ceinture de corail. Du côté de la haute mer, ce récif est une muraille à pic de plusieurs centaines de mètres de profondeur. A sa face intérieure, il se relie en s'évasant par un arc concave à la croûte sous-marine de l'île et à l'île elle-même, dont le sous-sol est partout de corail. Là, le fond est moyen et l'ancre peut y descendre. Ainsi, tandis que la mer déferle du large sur le récif, avec un bruit lourd, en un ruban d'écume, il y a entre le récif et la côte une navigation intérieure en eau bleue et tranquille. Toutefois, des aiguilles y percent çà et là en écueils au ras de l'onde, ou des îles y surgissent, pareilles à des corbeilles de verdure et frangées de sable fin. D'ailleurs, par intervalles, la ceinture de corail s'interrompt, a ses coupures, ses passes accessibles, par lesquelles la vie de l'Océan pénètre dans ces lagunes et les anime de son flot rapide. Elles sont la mer avec ses caprices soudains et perfides, moins ses tempêtes.

C'est le 4 septembre 1774 que la Nouvelle-Calédonie fut découverte par Cook. Il l'aborda par l'est et reconnut vers le cap Colnett, du nom du volontaire qui le signala, l'île d'un seul arbre (île Pin), île plate, remarquable par un sapin gigantesque qui existe encore aujourd'hui. De là, les deux bâtiments de l'expédition traversèrent la chaîne du grand récif et vinrent mouiller au nord de Balade. Cook y vit pour la première fois les indigènes. Ils vinrent, dans de nombreuses pirogues, faire des échanges le long du bord, et les Anglais, à leur tour, descendirent à terre. Les livres de voyages représentent naïvement la scène. Le canot est accosté au rivage. Les officiers débarquent. Ils ont la culotte blanche, les bas de soie, les souliers à boucle, le frac bleu galonné d'or, les cheveux poudrés et le tricorne. C'est le costume du bord. L'élégant navire de guerre, c'est un salon armé qui se déplace pour les parages lointains ou pour les combats. On y est en toilette de bal. Les sauvages sortent nus d'un bouquet de cocotiers, s'avancent à la rencontre des étrangers. Ils sont tout à la fois curieux, avides et caressants. D'ailleurs tels ils étaient aux temps de Cook, de Bougainville et de La Pérouse, tels ils sont encore aujourd'hui. Ils vous demandent votre mouchoir qu'on leur donne, puis votre montre qu'on leur refuse. Ils la volent alors et s'enfuient. On la reprend, et ils vous tuent. Ils ne sont encore nés qu'à la sensation. Ce sont les appétits d'instinct qui les gouvernent.

Les relations de Cook avec les Canaques furent amicales. C'est par d'autres sauvages qu'il devait être tué. Sa fin n'est pas seulement triste, elle est sombre. Frappé de haches, percé de sagaies, il reste sur le sable, tandis que ses embarcations rejoignent leur bord. On ne vient chercher son corps que le lendemain, et, les sauvages s'étant dérobés, on ne peut tirer vengeance de sa mort. Il expire ainsi, tout seul, avec une agonie de quelques heures peut-être, non loin de son navire et dans d'amères pensées. Les hommes de génie ne voudraient mourir que dans la plénitude du triomphe ou quand leur œuvre est achevée.

En appareillant de Balade le 13 septembre, Cook était sorti du récif et avait d'abord voulu tourner l'île par le nord. La chaîne du grand récif extérieur, qui s'étendait toujours à perte de vue dans le nord-nord-ouest, le détourna de ce projet. Il vira de bord et prolongea la côte dans le sud-est. C'est ainsi qu'il arriva à l'île de Kunié. Il la reconnut le 23 septembre et la nomma île des Pins, à cause de la grande quantité d'arbres de cette espèce qu'il y aperçut. C'est à l'île des Pins que se termina son exploration de la Nouvelle-Calédonie.

Après Cook, ce fut La Pérouse. Les relations des voyages de Cook et de ses importantes découvertes avaient éveillé l'attention de la France, et La Pérouse partit en 1788 avec deux bâtiments, la *Boussole* et l'*Astrolabe*, pour l'océan Pacifique. Ses instructions lui prescrivaient une reconnaissance complète de la Nouvelle-Calédonie et des ressources qu'elle pouvait offrir. L'amiral partait pour des terres inconnues, il y disparut. Les dernières nouvelles qu'on reçut de lui datent de Botany-Bay, en Australie. On y voit aujourd'hui, parmi les promeneurs et le bruit de la civilisation, une colonne élevée à sa mémoire. A deux pas du monument, on envoie des dépêches télégraphiques en Europe et dans le monde entier. On a su bien longtemps après que l'expédition se termina à Vanikoro par un naufrage. D'ailleurs La Pérouse n'alla sans doute pas en Nouvelle-Calédonie, il n'y existe aucune trace, aucun souvenir de son passage.

Ce fut le contre-amiral Bruny d'Entrecasteaux qu'on envoya à la fin de 1791 à la recherche de La Pérouse. Il arriva en vue de l'île des Pins le 16 juin 1792, explora la côte ouest de la Nouvelle-Calédonie et le grand récif du nord, puis chercha La Pérouse dans les archipels voisins. Ne l'ayant pas trouvé, il revint en Nouvelle-Calédonie et mouilla, le 18 avril 1793, à Balade, au premier mouillage de Cook, où il passa trois semaines. A cette relâche, on s'aperçoit des instincts hostiles et des goûts anthropophages des naturels. Aussi le capitaine d'un des bâtiments, M. Huon de Kermadec, venant à mourir, on l'enterre sur un îlot, nuitamment et sans bruit, de crainte que son corps ne soit enlevé. Le capitaine Huon repose encore sur cet îlot. Les bâtiments qui passent auprès voient sa tombe et la saluent.

Il n'y a plus de marins français à la Nouvelle-Calédonie qu'en 1827. C'est alors le commandant Dumont d'Urville qui détermine le premier la position de l'extrémité septentrionale des grands récifs. Toutefois il ne fait que passer. Enfin, au mois de janvier 1854, quatre mois après la prise de possession de la Nouvelle-Calédonie par le gouvernement français, le capitaine de vaisseau de Montravel, commandant la *Constantine*, en visitant les divers points de l'île, découvre la bonne et sûre rade de Nouméa, qui fut choisie pour l'établissement du chef-lieu de la colonie. Bientôt après, la colonie elle-même allait être affectée à la transportation.

Quand une colonie se forme, c'est d'abord divers points du littoral, les plus favorables, qu'elle occupe. Ainsi fut-il de Nouméa, qui se trouve au sud-est de l'île, non loin de son extrémité, puis de Canala, sur la côte est en diagonale avec Nouméa, puis de Uarai et de Bourail sur la côte ouest, tous deux à l'ouest de Nouméa, à environ vingt et trente lieues de distance, enfin de Pam à l'extrémité nord de la Nouvelle-Calédonie. On communique facilement, par la navigation intérieure, de l'un de ces points à l'autre. Les rades de Nouméa, de Canala, de Pam sont excellentes; celle de Uarai ou de Teremba, très grande et très sûre, n'a que peu de profondeur; celle de Bourail est exposée au ressac de la mer de l'ouest. Par la suite, ces cinq points devinrent les chefs-lieux des cinq arrondissements de Nouméa, de Canala, d'Uarai, de Bourail et du Diahot. La destination de chacun d'eux s'accusa également. Nouméa fut le centre du gouvernement, de l'administration, du commerce et de la transportation. Canala eut un établissement pénitentiaire, et, par ses colons libres, s'occupa de culture et de mines. Il en fut de même de Pam ou du Diahot. Uarai eut le pénitencier agricole de la Fonwari, et un village agricole de colons, Moindou. Bourail devint une grande exploitation de cultures par les transportés, un lieu qu'ils occupèrent presque exclusivement, destiné à prospérer et à grandir par eux et pour eux. Dans la rade même de Nouméa, il faut mentionner l'île Noû et la presqu'île Ducos.

L'île Noû, c'est le bagne proprement dit; c'est là que débarquent les convois de France, que se retiennent les indociles et les inutiles, que se font les vrais travaux forcés. La presqu'île Ducos, séparée de l'île Noû par un bras de mer, était réservée à la déportation dans une enceinte fortifiée. En dehors de la Nouvelle-Calédonie, mais si près d'elle qu'elle en est une dépendance, l'île des Pins, qui était le siège de la déportation simple, et, à l'est, à quelques heures de mer, les îles Loyalty, où il y a des Canaques, des missionnaires anglais et français, et un résident avec quelques employés. Peu à peu, depuis vingt ans, tout cela s'est créé. En beaucoup d'endroits, il y a des camps de transportés, notamment à Bouloupari, à 18 kilomètres dans les terres, à mi-chemin de Nouméa à Teremba. Aux différents chefs-lieux, aux différents camps, il y a un poste militaire, un télégraphe, un bureau de poste. La civilisation, par degrés, sort de ses langes. Des communications s'ébauchent. Il y a, par tronçons, de belles routes de plusieurs kilomètres, des routes muletières de deux mètres de large aux flancs des montagnes, au-dessus des précipices, et, par les forêts et les plaines de niaoulis ou de marais, d'innombrables sentiers canaques, le passage d'un homme, que les Européens, ainsi que les sauvages, suivent à la file indienne.

En dehors des centres de population, il y a *la Brousse*. De même que les Australiens disent constamment *bush life, life in the bush*, on dit la vie dans la brousse. La brousse, c'est la broussaille, c'est le niaouli, la forêt, la montagne, la vallée ou la plaine. Là, au hasard d'un beau site, d'une exploitation propice, d'un cours d'eau, sont des habitations de colons libres. Ils sont venus de tout pays, fuyant peut-être les malheurs qui les ont atteints dans la mère patrie, en cherchant une nouvelle. Ils sont ardents, aventureux, infatigables, travailleurs. C'est la solitude qu'ils ont convoitée, une renaissance de leurs forces, l'absence des hommes, une terre qui leur appartienne, une petite famille qui soit uniquement à eux, qui grandisse à leurs côtés. C'est par un individualisme presque farouche qu'ils débutent. Leur effort se tend, devient fécond. L'aisance arrive. Alors aussi le cœur s'amollit, se fait meilleur. Il y a la légitime fierté des résultats obtenus. L'individualisme, c'est le commencement des sociétés neuves, le renouveau des sociétés vieilles. L'homme s'y ressaisit, oublie, s'y retrempe, converge de nouveau à la vie sociale. Le fils plante sa tente à côté de celle du père, prend femme, fait souche à son tour. Ainsi naît la station, puis le village, puis le bourg. Je crois que ces habitations éparses dans la brousse sont l'avenir des libérés d'une colonie pénitentiaire. Les coupables ne se plaisent point entre eux, leur compagnie leur pèse, ils s'y revoient dans le visage les uns des autres, y secouent mal la honte ancienne, y sont rappelés à leur infamie. Tout au contraire, la grande nature ne leur fait point de reproche, elle est silencieuse et discrète, leur sourit en ses magnificences, les recueille en son bien-être. Ils sont confiants avec elle comme ils le sont avec la femme qui a épousé leur sort, avec les enfants qui sont nés d'eux, et dont le regard limpide ne reflète, pour eux, rien du passé. C'est l'isolement libre et le travail libre qui font ces métamorphoses de la bête en homme, et du paria en colon.

Aujourd'hui, toutefois, à fort peu d'exceptions près, ces habitations de la brousse n'appartiennent qu'à des colons libres. Elles s'élèvent généralement sur les bords d'un ruisseau ou d'une rivière, ou dominent une petite colline. Les plus riches sont en bois ou en remplissage de pierres, les plus pauvres en torchis et même en peaux de niaoulis. Le toit est en paillotte. Tout alentour, elles sont munies d'une véranda, appentis extérieur ombragé par des lianes, où l'on vit en plein air. A côté, un potager. Non loin de là, un *paddock* ou enclos pour les chevaux et les vaches laitières. La plupart de ces colons se livrent à l'élève du bétail. De grands troupeaux paissent dans la brousse, élisent un espace, et ne le quittent guère. Pour les garder, pour faire le recensement annuel, les colons entretiennent des hommes à cheval armés de longs fouets à court manche. Je parlerai de ces *stockmen*. Les chevaux sont intelligents et doux, avec la sûreté de pas d'une mule et des jarrets de chèvre. Ils errent en liberté près de la maison ou dans le paddock. On va vers eux en secouant du maïs dans un tamis, ils viennent aussitôt et se laissent prendre.

Le plus souvent, il y a quelques indigènes çà et là, et à quelque distance dans un bois, sous un bouquet de cocotiers, apparaissent les toits pointus de leurs cases. Les colons ont à se déplacer, soit pour se rendre à Nouméa ou aux chefs-lieux, soit pour traiter des affaires entre eux. Quelquefois ils voyagent dans leur *buggy*, léger véhicule fait pour la brousse, de forme américaine, haut sur roues, résistant à tous les chocs, facile à réparer. Mais, presque toujours, c'est à cheval. On emporte un rechange dans un paquet ficelé sur la selle, et on fait cent kilomètres par jour. On ne va qu'au pas ou au petit galop, le trot est fatigant.

Quelquefois, auprès des chefs-lieux ou des établissements, on trouve des hôtelleries, mais ordinairement on s'arrête à l'habitation qu'on rencontre à la fin du jour, qu'on la connaisse ou non. L'hospitalité est large et cordiale. Il y a un lit pour le voyageur, et il s'assied à la table de ses hôtes. Ces soirs-là, sous la véranda, on s'attarde. Les nouvelles s'échangent. Cette colonie naissante n'est-elle pas un petit monde où les intérêts se mêlent, où les personnalités s'accusent? Puis la conversation s'épuise, on se tait. La nuit est douce et tiède, le ciel d'un bleu profond semé d'étoiles; la lune raye la mer de sa lumière argentée, où l'on entend au loin le sourd grondement des flots sur le récif. La fumée des cigares s'envole, et les regrets et les souvenirs l'accompagnent. On se souhaite enfin le bonsoir, en se serrant la main, avec un soupir peut-être. C'est la patrie absente qui a passé dans l'air.

LES HOMMES NE PASSENT PRÈS DU CHEF QU'EN SE COURBANT.

Le reste de la Nouvelle-Calédonie, c'est-à-dire le territoire presque en entier, est occupé par des tribus disséminées d'indigènes. Ces tribus, sauf des agglomérations de quelques-unes d'entre elles, qui forment ainsi des sortes d'États, sont indépendantes les unes des autres. Plusieurs villages composent d'ailleurs une tribu. Le langage est différent, mais ce sont les mêmes mœurs. Les chefs des villages relèvent du chef de leur tribu. C'est la féodalité organisée, mais avec un maître absolu au sommet. Autant de territoires cependant, autant de petites sociétés.

Le grand chef est le chef à l'oiseau. Il a une étoile en bois placée horizontalement au faîte d'une grande case, qui est celle du gouvernement, et une main au-dessus de sa propre case. La chèferie est héréditaire, et la loi salique est en vigueur. Chez les peuplades primitives, l'homme est au-dessus de la femme, et un homme commande à la foule. Toute la famille du chef est environnée de grandes marques de respect.

Le chef est le soleil de la tribu. Quand un grand chef vient de rendre le dernier soupir, son successeur envoie des messagers à chaque village : « Allez dire que le soleil est couché. » Les hommes ne passent près du chef qu'en se courbant; à son approche, les femmes s'écartent de son chemin, n'osant le regarder. Si elles sont obligées de poursuivre leur route près du lieu où il est, elles n'y passent qu'en rampant.

Le chef a auprès de lui quelques hommes de confiance et conseillers intimes. Mais, pour les grandes entreprises, il consulte les vieillards de la tribu. C'est l'ordre des vieux. Il y a de grandes réunions, les pilous-pilous, où se célèbrent les fêtes, où se préparent la guerre ou la paix. Dans les temps ordinaires, la tribu cultive ses champs, récolte ses provisions. Les plaisirs sont rares; la paresse, doublée d'une sorte de méditation rêveuse, est un des plus vifs : le tabac y aide.

Ce sont aussi de poétiques légendes qui se redisent le soir à la veillée, parmi ces êtres naïfs et subtils tout à la fois, avec des frissons de désir ou des effrois superstitieux. On croit aux génies : génies de l'air, de l'eau et des forêts. Ceux-là, favorables ou funestes selon l'occurrence, on peut se les rendre propices. C'est affaire au *takata*, ou sorcier, et à ses sortilèges. Ce sorcier est l'interprète des génies, le bouffon du chef, qu'il amuse et qu'il conseille selon ses passions, et le médecin de la tribu. On n'a que l'idée vague d'un Dieu bon et tout-puissant, mais on l'a très précise d'un diable redoutable et très méchant. Peut-être est-ce là, de par les missionnaires, une importation catholique. Le dieu des Canaques, c'est le diable.

Les villages se composent de cabanes ayant la forme de ruches d'abeilles avec une porte très étroite et très basse. Il n'y a ni cheminée ni fenêtre. Les Canaques s'y enferment la nuit pour se préserver des moustiques. On couche sur de la paille étendue autour du feu qui brûle au milieu de la case. Le jour, s'ils reviennent de la pêche ou de la culture, les sauvages y réparent leurs filets, taillent leurs sagaies, façonnent leurs casse-tête, aiguisent leurs haches. Ils y polissent aussi, en les terminant en pointes, leurs pierres de fronde, ou, d'un burin informe, gravent sur le bambou des figures d'hommes ou d'animaux.

Les Calédoniens sont moins noirs que les nègres. Hommes et femmes ont les cheveux crépus et courts, sauf pour les hommes qui portent le deuil. Leur front est évasé, leurs lèvres grosses et saillantes, les dents admirables, le lobe de l'oreille agrandi et déchiré par des rouleaux qu'ils y introduisent. Le visage, selon qu'il lui plaît, est immobile ou pétille de sagacité. La ruse et la prudence y sont aux aguets jusqu'à ce que la passion y éclate en des traits d'une animation extraordinaire ou d'une férocité froide. Le corps est souple et nerveux, d'une dangereuse harmonie de formes. Il sert bien les desseins de ces âmes frustes, cauteleuses ou sans frein. Il peut bondir comme le tigre et ramper comme le serpent. Il est en outre d'une vitalité telle qu'il résiste aux blessures. Il faut le tuer deux fois.

L'originalité du costume canaque, c'est qu'il n'existe pas ou si peu qu'il n'y a pas lieu de s'étendre à son sujet. Les hommes enveloppent leur chevelure dans un mouchoir noué en turban avec leur fronde et souvent orné de verdure et de plumes. Ils portent un collier en poil de roussette, des bracelets de coquillages aux bras et aux jambes, se mettent dans le lobe de l'oreille un rond de bois gros comme un bouchon, se serrent le ventre avec une ceinture de cuir ou de corde, et se frottent la poitrine avec de l'huile et de la suie. Or ce ne sont là que des coquetteries de toilette. Quant au costume réel, de même qu'Achille n'était vulnérable qu'en un seul point, il ne s'adapte qu'à une seule partie du corps. Ce n'est pas le talon. L'accoutrement est une étoffe de couleur voyante. Il arrive parfois que deux grands chefs se rencontrent : alors, dans un but de courtoisie ou de haute diplomatie, ils échangent entre eux ce vêtement succinct, et, l'ayant échangé, s'en parent aussitôt. C'est signe de courtoisie et de bons procédés.

Les femmes ont la chevelure courte et crépue, comme la chenille d'un casque. Elles ont la poitrine nue et les reins ceints d'une ceinture de fibres de pandanus. Elles fument la pipe et s'ornent le cou de colliers faits de graines ou de poil de roussette. Physiquement, elles sont loin de valoir les hommes. Très jeunes, elles ont une grêle et indécise beauté. Ce sont plutôt des adolescents que des jeunes filles. Elles se montrent gaies et familières comme des enfants que l'on gâte. Les Canaques aiment leurs petits. Plus tard, elles deviennent la proie d'un mari, puis sa bête de somme. Elles font toutes les corvées du ménage, de la culture et de la guerre. Elles se flétrissent vite, avec un air morne et résigné, restent néanmoins des animaux lents et vigoureux. On les voit marcher indéfiniment, ployées sous le faix. Si elles faiblissent, un coup du bois de la hache les ranime, et parfois, si elles s'épuisent de courage et de forces, le fer de la hache les achève. Absence de galanterie et despotisme. A la halte, elles déposent leur fardeau, s'accroupissent à terre, fument leur pipe. Les jeunes, pour se délasser, vont au ruisseau d'eau claire, s'y baignent, folâtrent ensemble, rient encore. Les vieilles ne bougent pas, ne rient plus. La vie, pour les femmes canaques, n'est qu'une dure et longue servitude.

II

DE PARIS A SAN-FRANCISCO.
LE LABRADOR.
NEW-YORK. — TRANSCONTINENTAL RAILWAY.
LA PRAIRIE. — LE LAC SALÉ.

Je ne suis pas arrivé tout d'un coup à la Nouvelle-Calédonie. Le 1ᵉʳ janvier 1876, je m'embarquais au Havre sur un paquebot transatlantique, *le Labrador*, et je quittais la France. Cruelle heure que celle-là. La France, les affections, les habitudes, les plaisirs sont tout près encore, et cependant disparus. Hier n'aura pas de lendemain. On est isolé et triste, on se met en marche pour des années d'inconnu. Le navire lui-même, par ces grises et froides journées d'hiver, est mélancolique. Il sortait des jetées parmi de rares spectateurs. Des frères des Écoles chrétiennes, avec une grâce gauche, adressaient des saluts d'adieu à quatorze petites sœurs des pauvres qui étaient à bord. Les grands chapeaux à la Basile s'agitaient de bas en haut, de haut en bas, en signe de condoléance et de bons souhaits. Les petites sœurs répondaient de leurs mouchoirs et de leurs coiffes. Ces genres neutres avaient, en leurs manifestations, quelque chose de grotesque et de touchant. Ils ont renoncé à la vie et, par un espoir plus haut, n'en ont accepté que le dévouement et l'obscurité. Admirables ou condamnables en cela, ils passent sur cette terre sans chaleur et sans émoi. Les quatorze petites sœurs eurent à la fois le mal de mer; on les mit en tas dans une cabine. Elles ne reparurent sur le pont que quelques jours plus tard, en troupeau, récitant des prières.

La traversée fut farouche, sur des lames vertes que fouettait le vent, avec un gros roulis et les craquements de la membrure. Nous n'étions que neuf passagers. Nous n'occupions qu'un petit point dans la belle salle à manger faite pour deux cents convives. Les fauteuils vissés au plancher nous enserraient de leurs deux bras, résistaient victorieusement au roulis et au tangage. Cette table à trois services, aux vins glacés, était bizarre. On n'y avait pas faim. En hiver, il n'y a que les exilés qui partent, les exilés de leur fortune ou de leur carrière.

Le 14 janvier, le *Labrador* arrivait à New-York. Je n'ai vu que pendant vingt-quatre heures cette grande ville affairée et brutale. C'était assez. Le lendemain soir, je prenais pour San-Francisco le chemin de fer transcontinental du Pacifique. Dans ce voyage, qui dure sept jours et sept nuits, il y a trois contrées diverses, trois paysages d'aspect différent. De New-York à Chicago, c'est notre campagne du Nord, avec des plaines et des arbres, des villages et des routes. C'est en civilisation que se font les relais. Trois fois par jour, pour un repas d'une demi-heure, le train s'arrête. Ce sont des hôtels, avec des garçons en veste noire, en tablier blanc. A la mode américaine, six mets sur une même assiette, du thé ou de l'eau glacée. Le *palace car*, dans la journée, ressemble à une galiote. Cloisons droites percées de fenêtres carrées, puis obliques et se rejoignant à une solive longue qui forme le plafond. En bas, des banquettes se faisant face. Un couloir au milieu, et à chaque extrémité de ce salon, de trente à trente-cinq mètres de longueur sur quatre à cinq de largeur, des portes sur le wagon voisin, avec lequel on communique par une passerelle. La liberté est entière, avec des renseignements utiles. « Ne mettez point la tête à la croisée, vous pourriez être blessé ou tué. — N'acceptez point de jouer avec les personnes qui vous le proposeront, ce sont des voleurs. » Néanmoins vous faites ce que vous voulez. Vous vous penchez en dehors de la portière si cela vous convient, ou vous jouez avec un gentleman qui a son revolver dans une petite poche de son pantalon, un peu en arrière de la hanche. On ne fume que dans le compartiment des émigrants. Il est tout à l'avant, à courir les premiers risques, naturellement. Les poêles de fonte y sont chauffés à blanc ; des bancs en bois, et, le soir, quelques quinquets. C'est une assemblée singulière d'hommes et de femmes : des chapeaux de toutes formes, des vêtements de toute date, gros, usés, point sordides, le revolver à chaque ceinture, les souliers ferrés, les bottes fortes. Sur les visages des hommes, à barbes incultes, rouges ou fauves, sur les traits amaigris des femmes, une vo-

ILS VINRENT AU NOMBRE DE SIX CENTS.

lonté âpre, concentrée, tranquille, un esprit d'insouciance et d'audace, né de l'habitude de la lutte. Avec cela, de la bonhomie rude. Ils vous acceptent pour un des leurs. Peu de paroles, c'est du temps perdu, mais l'offre d'un coup de gin ou de brandy à même la bouteille, ou d'un cigare ou de leur pipe. C'est de nos jours encore — entre gens qui ne se nuisent pas — la vieille fraternité du *Far west*.

C'est que le *Far west* est l'histoire de l'Amérique et qu'il a abouti, comme résultat des temps, à cette œuvre gigantesque du *Pacific railway* qui relie New-York à San-Francisco. Le *Far west*, c'est-à-dire ces contrées qui s'étendent à l'ouest du territoire des provinces unies, a, dès la première heure de l'indépendance, tenté les Américains. Ce n'était pas l'ouest seulement, mais le *Far west*, c'est-à-dire le lointain de ces terres, de ces prairies, de ces forêts, de ces lacs, au delà desquels on arriverait à l'océan Pacifique, si toutefois il était jamais possible d'y arriver.

Les Américains, en ce qu'ils ont de policé, ne sont que les enfants ingrats de l'Angleterre, et ce qu'il y a de vertus en eux leur vient de cette mère patrie. La guerre de l'Indépendance, qui ne saurait se rattacher aux seules aspirations nobles d'un peuple vers la liberté ou à un incontestable besoin de bien-être et d'activité, n'a résulté que d'un malentendu commercial, ou plutôt les Américains ont compris qu'ils étaient sur une terre jeune, aux sources mêmes d'une incalculable richesse qu'ils n'ont voulu partager avec personne, surtout avec ceux qui, les ayant faits ce qu'ils étaient, y auraient eu droit autant qu'eux-mêmes.

Quoi qu'il en soit, dès qu'ils eurent secoué la tutelle de l'Angleterre, l'expansion des Américains au delà des limites où les nécessités de leur croissance comme peuple les avaient maintenus jusqu'alors, fut subite et irrésistible. Trop nombreux, déjà très riches, avides de ce nouveau monde qui était à la portée de leur audace et de leur esprit d'aventure, ils s'y avancèrent, la hache d'une main, le fusil de l'autre, en infatigables pionniers. Ce mouvement se fit partout à la fois, du sud au nord des provinces unies, par routes parallèles qui toutes allaient à l'ouest. La Caroline du Nord, le Tennessée, le Kentucky, le Missouri, le Mississipi, l'Arkansas et le Texas cherchèrent leur voie vers le soleil couchant.

Cela ne se fit pas par des émigrations en masse. Il faut une idée haute ou un sentiment pour ébranler les multitudes. Les appétits matériels ne remuent que les individus. Il est vrai qu'ils les remuent tous, quoique isolément. Ce fut, chez chaque Américain qui n'était pas retenu au premier sol, une pensée tenace d'aller à l'ouest.

L'invidualisme était d'ailleurs et est resté la qualité dominante de la nation. L'homme a foi en lui-même, dans sa force musculaire, dans son intelligence pratique, dans sa brutalité morale. Il s'est baptisé d'un nom fruste comme lui, qui n'a pas d'étymologie précise, mais qui le peint. Il est le Yankee. Ses besoins matériels le maîtrisent et le précipitent. Il est grand mangeur et grand buveur, d'autant plus qu'il sait, à l'occasion, être sobre et subir les plus rudes privations. Cela résulte de son obstination, qui se change en patience, parce qu'elle est certaine du succès. Il est sans gêne, parce qu'il se dépense en continuels efforts et qu'il a besoin de se reposer à fond, sans entraves. Mais, après un repos strict, il reprend sa tâche. C'est en cela qu'il est infatigable. Il est indifférent plus qu'égoïste. L'égoïsme lui supposerait une recherche raffinée de jouissances qu'il n'a pas. Toutefois il est d'une indifférence, ou pour mieux dire, d'un dédain suprême pour quiconque ne réussit pas. C'est qu'à son sens celui-là qui succombe ne méritait pas de vaincre. Son mépris de la vie, très réel, est plus aventureux que stoïque. Il admet la mort comme une chance au jeu des événements, mais comme une chance qui ne sortira pas. Il n'a nul sentiment des arts, nul goût pour eux. Ce n'est pas qu'il soit un jeune peuple, comme on l'a dit. Il n'est pas jeune, puisqu'il est le rejeton direct de la vieille Angleterre. Mais son nouveau monde lui a donné sa sève, sa jeunesse, sa fécondité terrestres et a fait de lui, puisqu'il vivait de cette nature tout exubérante de forces, moins un homme avec son développement divin, qu'un animal puissant et tout neuf, apte aux énergies d'instinct.

Aussi ses passions, dans les solitudes où il s'épand et où il n'a pas de contrôle, s'aiguisent-elles aisément de férocité. Elles ont un rut sauvage, puis s'affaissent pour se retremper dans la ruse et dans l'appétit. Il a inventé le *Go ahead*. En avant quand même, en avant toujours. Ce sera peut-être un peuple grand et généreux dans plusieurs siècles, quand, à l'inverse de Saturne, qui mangeait ses enfants, il aura dévoré de son activité et réduit à l'état d'esclave et de simple mère nourricière cette terre turbulente, qui l'enivre de sa redoutable et toute matérielle vitalité.

Cependant, au delà d'un certain espace franchi, l'émigration vers l'ouest, si généralement individuelle qu'elle fût, rencontra de nombreux obstacles. Ce furent d'abord les sauvages, c'est-à-dire les possesseurs de ce pays qu'on voulait conquérir et défricher, mais qu'ils parcouraient, eux, dans tous les sens, en chasseurs ou en guerriers nomades. Quoiqu'ils ne s'y établissent nulle part, ils le revendiquaient comme leur bien et n'y voulaient pas laisser pénétrer d'étrangers. Ils avaient la crainte et la haine des visages pâles. Ceux-ci n'avaient-ils donc point assez de la terre qu'ils occupaient déjà, qu'ils vinssent prendre celle-là? Ils avaient, ces indigènes traqués, le sentiment vague et fier de la patrie. Elle était pour eux ces forêts et ces plaines où, de générations en générations, ils avaient fait leurs grandes chasses ou s'étaient combattus. Aussi, avec une férocité mêlée d'astuce, et sans relâche, harcelaient-ils les pionniers. Ils les massacraient s'ils parvenaient à les surprendre, ou ne traitaient passagèrement avec eux que pour mieux ourdir de nouvelles trames. Néanmoins, avec de la prudence et de l'énergie, on pouvait se défendre contre eux, les écarter, sinon les refouler. Il y avait un autre obstacle, et celui-là insurmontable : la distance. Le plus généralement, le pionnier partait avec un ou deux grands chariots attelés de bœufs, qui portaient les femmes et les approvisionnements de tout genre. C'était sa famille déjà grande qu'il emmenait ainsi. Les fils, le fusil sur l'épaule, escortaient le convoi.

Si ce n'était point une famille qui se déplaçât, c'étaient quelques hardis compagnons qui s'associaient pour tenter l'aventure. A la fin du jour, on campait, assez tôt pour tuer quelque venaison et pour préparer le repas du soir. Au matin, on repartait.

Tout allait bien pendant quelques marches ; mais bientôt les chariots, cahotés sans routes tracées, se brisaient ou s'avariaient, les sauvages quelquefois volaient les attelages, puis la poudre et le plomb diminuaient. Il fallait s'arrêter. Le pionnier, se résignant, choisissait un site fertile arrosé par un cours d'eau et s'y établissait avec les siens. Bientôt une famille qu'il avait précédée le rejoignait. On mettait ses ressources en commun, et la culture ou le défrichement commençait. Le bruit se répandant qu'un établissement était formé à trente ou quarante lieues dans l'ouest, d'autres émigrants, de petits traitants, de nouvelles familles y affluaient. Le campement devenait un bourg, puis une ville s'improvisait.

De là, de ce point d'appui, des émigrations partielles s'élançaient de nouveau vers l'ouest, et, à distance à peu près égale, une agglomération pareille se formait et prospérait. C'étaient les étapes de la civilisation qui se reliaient les unes aux autres par des masses d'hommes de plus en plus compactes si l'on revenait sur ses pas, par des avant-gardes, par de simples sentinelles perdues, de l'autre côté, à l'extrême limite. Cette vaste société, disséminée par groupes abondants ou faibles, civilisée à la considérer par les souvenirs et l'expérience qu'elle avait, mais redevenant à demi sauvage par son esprit d'aventure, par les fatigues qu'elle supportait, par les périls incessamment bravés, avait pour continuelle excitation au travail et à la lutte, l'accroissement de sa richesse, la beauté toujours renaissante et féconde du terrain qu'elle découvrait. Là où elle vivait, les grands fleuves, les inépuisables forêts, les montagnes sillonnées de métaux, les vallées prodigues de moissons et de fruits, lui faisaient de son territoire un inconcevable Éden de productions et de ressources. Il n'y avait pas de lois. Les mœurs créaient seules des droits, des devoirs et des coutumes. Ces mœurs étaient simples. Il y avait en elles du patriarcat, maintenu par un protestantisme rigide, comme il l'était autrefois par la loi juive. Les familles, qui appartenaient à l'autorité du père, s'accroissaient et se disciplinaient comme des troupeaux, se fractionnaient ensuite pour aller, plus avant dans la conquête, plus à l'aise, plus libres de leurs mouvements, en un site qui leur agréât, recommencer la tribu qui s'éparpillerait à son tour. Les multitudes s'avançaient désormais vers l'ouest dans l'exacte proportion du temps qu'il fallait à la hache pour s'ouvrir la profondeur des forêts et au soc de la charrue pour creuser le sol.

A côté de cette société rude et simple, qui ne s'occupait que de produire des enfants, des troupeaux et des richesses ou de marcher en avant, il y en avait une autre bien moins nombreuse, mais absolument différente. Les vagabonds des grandes villes des Provinces-Unies, les bandits de toute espèce que le meurtre et le vol ne nourrissaient pas suffisamment dans les vieux centres, les déclassés qui ne se faisaient ni à l'obscurité ni à la misère, les désespérés de la vie qui cherchaient une espérance dans l'inconnu, les mendiants effrontés, les paresseux et les lâches qui se font les parasites du hasard et du crime partout où ils peuvent en glaner les miettes, tout ce ramassis grouillant, entêté, insolent, prêt à tout dans l'audace comme dans la bassesse, s'était abattu sur les établissements de l'ouest. Tous ces gens-là, faméliques et redoutables, y avaient des impunités diverses. Si par hasard on les déférait aux tribunaux de l'État le plus proche, qui était souvent à cent lieues, les tribunaux, avec leur vieil arsenal de procédure et qui ne siégeaient que deux fois par an, exigeaient des formalités qu'on ne pouvait remplir, et, faute de témoins qui ne pouvaient se déranger, de preuves qu'on ne pouvait fournir, acquittaient les accusés. D'autres fois, s'ils étaient de la part des habitants l'objet d'une poursuite momentanée, ils se réfugiaient sur le territoire indien, où les sauvages, sachant le mal qu'ils faisaient aux colons, leur donnaient volontiers asile. De toute façon, ces malfaiteurs revenaient la tête haute, dangereux pour ceux qui avaient eu le courage de les traduire en justice, glorifiés de leurs camarades de rapine et d'orgie. Tous ces Désespérés, — on les appela bientôt ainsi, du nom de ceux d'entre eux qui ne reculaient devant rien, — se reconnaissant aux traits, qui leur étaient communs, de la fainéantise et de la révolte, s'organisaient en bandes, se choisissaient des chefs, s'associaient pour un coup à faire. Ils pillaient une maison isolée, assassinaient les voyageurs. Devenus très forts, ils introduisaient une sorte de régularité dans leur manière de procéder. Ils se contentaient de rançonner les gens qu'ils avaient surpris ou qu'ils assaillaient ouvertement. Pendant quelque temps, on n'entendait plus parler d'eux. Ils ne bougeaient plus des *doggeries*, sortes d'auberges ou de bouges qui étaient leur repaire habituel. Ils s'y livraient à la débauche, au vin et au jeu. Il n'était pas rare, lorsqu'ils étaient ivres ou simplement surexcités les uns contre les autres par des querelles de jeu ou par des manies d'orgueil et de préséance, qu'ils s'attaquassent à l'improviste et même en combat singulier à coups de pistolet ou de couteau. Quelques-uns de ces truands, aux heures où ils étaient désœuvrés, se provoquaient et se battaient dans un coin du cabaret jusqu'à ce que mort s'ensuivît, en présence de leurs acolytes, devenus leurs témoins. Il y avait en eux la passion du sang et des assouvissements de la brute. Quand le vin et le sang étaient cuvés, qu'ils n'avaient plus d'argent pour le plaisir ou pour le jeu, ils reparaissaient au grand jour, armés de nouveau pour leurs expéditions de rançon ou de pillage.

Cet état de choses était général sur tous les territoires d'émigration. Il ne cessa qu'en arrivant à son paroxysme. Tout à coup, presque partout, à de derniers excès des bandits, et à des époques qui se suivirent de près, on cerna les *doggeries* et l'on fit main basse sur les Désespérés. Les habitants honnêtes s'étaient sentis pris d'une colère et d'un désir de vengeance irrésistibles. C'est de là que naquit la loi de Lynch. L'accusation n'eut qu'à produire deux témoins, la défense dut se réduire à établir un alibi.

Faute de cet alibi, l'accusé, convaincu de crime, était reconnu coupable. La seule peine était la mort. Les condamnés étaient pendus. On avait passé des cordes aux branches horizontales des grands arbres qui ombrageaient, en pleine campagne, le lieu des séances du comité des Linchers, et les corps, l'un après l'autre, se balançaient dans l'espace, aux regards et aux trépignements de joie de la multitude. C'était la revanche pour tous ceux qui avaient souffert, pour ceux-là surtout qui avaient eu peur. Et, pour que le hideux spectacle prît fin, il fallait que la nuit en dissipât l'attrait en le couvrant de ses ombres. C'est ainsi que, grâce à la loi de Lynch, l'émigration vers le *Far west* fut purgée des brigands qui l'entravaient et put s'étendre librement des bords de l'Atlantique à ceux du Pacifique. Le *Transcontinental railway* devait être et fut en effet quelques années plus tard le couronnement de son œuvre et la consécration de ses conquêtes.

A partir de Chicago, ville de bois tumultueuse qui s'incendie de temps à autre, et, comme le phénix, renaît plus brillante de ses cendres, on aborde la Prairie des romans de Cooper. Pendant deux jours et deux nuits, on traverse, à perte de vue, une solitude de plaines. L'été, c'est, sous la brise, une houle de verdure des hautes herbes. En cette saison, c'est une herbe rase, drue, immobile, saupoudrée de neige. Pas un arbre. De loin en loin, une troupe de chevaux ou de buffles qui s'enfuit au galop et disparaît comme un point noir à l'horizon. Ce grand silence, cette nappe de terre, plate et déserte, ont la mélancolie de l'infini. Et les Sioux? Pour la dernière fois, ils vinrent au nombre de six cents, montés sur leurs poneys, se ruer à toute vitesse, par la nuit sombre, contre la locomotive, cette bête de feu qui soufflait la flamme par ses naseaux. De ses tampons, la bête les jeta au large, de ses roues les écrasa. Elle ne les revit plus, à peine se douta de ce qu'elle avait fait. Maintenant on en retrouve quelques-uns aux stations, par groupes de mendiants. Ils sont là, les cheveux relevés au sommet de la tête, noués par un ruban, ornés de quelque plume qui fut celle d'un chef. Ils ont sur leurs épaules d'un rouge jaune une couverture bariolée et trouée, et, sur le dos des femmes, il y a un bissac où sont les provisions et les enfants. Ils se font des rentes de la civilisation qu'ils n'ont pu tuer.

La Prairie, c'est le second paysage de ce continent qu'on traverse. Aux haltes, il n'y a plus que des villages. Le mouvement a cessé. Au lieu des garçons de restaurant empressés et remuants, ce sont de jeunes servantes, en vêtement bleu et rose, actives et discrètes. Elles vont bien à cette contrée calme et perdue, ne la troublent pas, l'égayent un peu. Toujours les six plats sur la même assiette, l'eau glacée et le thé. Le soir, le spectacle du *palace car* est original. Les canapés se transforment en lits, les cloisons obliques s'abaissent et forment une seconde couchette au-dessus de la première. De longs rideaux se tirent de bout en bout. Il n'y a plus de libre, au milieu du wagon, qu'un étroit couloir. C'est là que les voyageurs procèdent à leur toilette de nuit. Pour les hommes, c'est vite fait. Ils ôtent leur redingote et leur gilet, et c'est dans leur lit qu'ils achèvent de se déshabiller. Pour les femmes, c'est moins commode. En se dissimulant sous le rideau, elles défont leur robe. On aperçoit un bras nu, un rond d'épaule. Puis le rideau retombe. Très naturellement, le mari et la femme occupent la même couchette. Honni soit qui mal y pense! Ne dorment-ils pas sous l'égide du mariage?

Le chemin de fer passe, dans la nuit, sur les bords du lac Salé, au pays des Mormons. Le mormonisme est peut-être une loi naturelle méconnue ou du moins négligée jusqu'ici. Il convient, en effet, à l'orgueil de l'homme, à ses fantaisies qui se déplacent, à son despotisme débonnaire, un peu naïf. Tel est le coq en ses allures. Les poules, après avoir été honorées de la faveur du maître, se secouent les ailes, vont picorer un grain de mil. Ainsi des femmes mormones. Leur métier ne leur déplaît point, ne déplairait peut-être pas à d'autres. Admises au rang d'épouses, elles n'ont plus la jalousie farouche. Le devoir se simplifie et s'espace. En ses circonstances moins fréquentes, il leur porte honneur et profit. Elles ne sont plus vis-à-vis les unes des autres que des collaboratrices aimables, un peu moqueuses, du grand œuvre. Et si la déesse Lucine se montre, ne fût-ce qu'en perspective, favorable à quelqu'une des épouses, celle-ci aussitôt, joyeuse et fière, s'écarte ostensiblement du mari, qui ne la retient pas, pour aller à l'enfant qui l'appelle. Ses plaisirs, grâce à la déesse, ne sont que suspendus, sans qu'elle s'en plaigne; elle n'y prendra plus goût qu'à son heure, et, de la sorte, nul ennui ne la distraira de l'attente maternelle. L'association a cet effet que, pour chacune de ces femmes, la dignité, la tranquillité et l'indépendance s'asseyent au foyer domestique. Elles peuvent y être les Aspasies d'une nuit et les matrones d'une année.

Brigham Young, ce Briarée pour lequel il n'y eut point de chômage, fut le grand prêtre de ce gynécée industrieux et modeste. Il aura des continuateurs, sinon des égaux. Tout est relatif. Le seul inconvénient est que quelques hommes auraient le monopole d'un trop grand nombre de femmes. Le remède serait d'introduire la pluralité des hommes pour les épouses dédaignées ou disponibles. Le mormonisme, exclusif aujourd'hui, deviendrait ce qu'a été de tout temps une société policée. Rien ne serait changé. Il n'y aurait qu'un mot de plus pour une situation déjà connue.

Par une pente insensible depuis deux cents lieues, le chemin de fer s'est élevé aux sommets des montagnes Rocheuses et de la *sierra Nevada*. Tous les pics ont disparu sous la neige. Ce n'est plus qu'une succession de mamelons d'une blancheur éblouissante et pourtant douce à la vue. Par une illusion d'optique, il semble qu'on suive les sinuosités et les inclinaisons de ces collines et de ces vallées et qu'on navigue, tout près du ciel qui le rejoint, sur cet océan de ouate. Ce qu'il y a de singulier, c'est que d'épaisses rafales de neige passent, sans tempête perceptible, dans cette immensité. Peut-être les grandes hauteurs étouffent-elles le bruit, ne veulent-elles que le silence. La rumeur se fait en bas, loin d'elles. Elles sont au-dessus des ouragans qu'elles déchaînent.

De distance en distance, il y a de longs hangars en bois, des *fences*, destinés à servir d'abri au train en détresse que surprendrait la neige. Depuis la Prairie, il n'y a plus que des stations, une auberge en bois, toute seule. Quelquefois, auprès d'elle, un poste télégraphique ou de quelques soldats. On surveille encore l'imprévu.

Puis, comme on a monté, on redescend, sans s'en apercevoir, par une contrée nouvelle, d'un aspect changeant et printanier. C'est le troisième paysage, celui de la Californie, qui commence. Il y a des chutes d'eau, en cascades superposées, aux flancs des montagnes couvertes de sapins. Des sources thermales jaillissent du sol, s'élèvent en une pluie d'argent qui fume. La campagne est riante, avec des arbres, des troupeaux, des maisons et des usines. Ce n'est plus seulement l'Américain qu'on rencontre, c'est le Mexicain à cheval, au poncho rayé de couleurs, au large chapeau sur la résille, aux longs éperons. L'Amérique espagnole se fait sentir, en son influence aimable et pittoresque, jusqu'en Californie.

Les buffets ont, pour le service, des Chinois en pantalons bouffants, en souquenille bleue. Cette race astucieuse, intelligente et souple, dont le flot inquiétant déborde déjà dans l'Amérique de l'Ouest, fait les serviteurs modèles et les marchands habiles, mais les uns sans dévouement et les autres d'une habileté froide et dangereuse. Enfin, le matin du deuxième jour, on est tout à fait dans la plaine, et, vers cinq heures du soir, dans une brume légère et sous un soleil rouge qui se couche, on aperçoit l'immense amas des maisons et des palais en briques et en bois de San Francisco. Il y avait juste une semaine que le train franchissait les espaces. Il était parti le samedi 15 janvier de New-York et arrivait le samedi 22 à San Francisco.

III

DE SAN FRANCISCO A NOUMEA.
LA PALOMA. — TAITI. — LA VIRE.
LES ILES DE L'OCÉANIE.

On ne ressent point grande fatigue de cette longue route. Il en reste cependant un bourdonnement dans les oreilles, le bruit des roues sur les rails. Durant quelques heures encore, on se croit en wagon. La fourmilière des grands hôtels dissipe cette illusion. On n'y est point comme en Europe dans une halte de plaisirs ou d'affaires. C'est la vie elle-même des lointains voyages que mènent les aventures et d'où dépend la carrière ou la fortune, qui s'agite en ces caravansérails. On y parle toutes les langues, on s'y meut dans la fièvre de l'impatience, on ne s'y repose qu'à la hâte, bruyamment ou en quelque sorte pour s'étourdir. L'or y semble la monnaie du temps trop lent à s'écouler. La ville elle-même, si énorme qu'elle soit, toute compliquée de civilisation et de vices émigrés, est jeune et fébrile. Elle ne s'assied pas ; elle marche et grandit. Bien moins brutale que New-York, plus colorée, souriante, elle est pour les États de l'Ouest et du Nord-Ouest la cité de l'avenir.

J'étais arrivé le 22 janvier, et je savais que la goëlette à voiles sur laquelle je devais m'embarquer pour Taïti partait le 23 de chaque mois. Je n'avais donc pas de temps à perdre. Mais le 23 janvier était un dimanche. Le consul était à la campagne, je ne le trouvai pas. J'ignorais d'ailleurs le nom de la goëlette, qui, d'un moment à l'autre, allait partir, si elle n'était partie déjà. Je vis qu'il fallait me résigner à passer un mois à San Francisco. J'en étais contrarié, mais point très fâché. *Russ-House*, où j'étais descendu, me plaisait ; la ville aussi. J'avais une chambre avec un balcon sur la rue Montgomery. Pendant un mois, j'étudierais San Francisco et j'y vivrais doucement en attendant les fatigues futures. Le marin s'improvise ces existences éphémères qui vont bien à l'incertitude de ses destinées. Je m'occupai de l'installation de ma chambre pour ce long séjour. Cependant, vers quatre heures du soir, je sortis.

Le temps avait complètement changé ; la pluie tombait fouettée par le vent, et, au débouché de la rue, à l'entrée du port, ce vent soufflait par rafales du sud-ouest. Les navires, pressés les uns contre les autres, s'entre-choquaient et tendaient leurs amarres. La goëlette n'avait pas dû partir par ce temps-là. En effet, lorsque je rentrai à l'hôtel, j'y trouvai le chancelier du consulat. Il m'apprit que la *Paloma* n'avait pu appareiller et que son départ était remis au surlendemain. Il ajouta que tout était ainsi pour le mieux, puisque j'y prenais passage. Je ne le contredis pas. Cette tempête subite, à la place du demi-printemps de la veille, m'avait gâté San Francisco.

Le 25 janvier, à dix heures du matin, la *Paloma* levait son ancre et appareillait. C'est une jolie petite goëlette qui s'incline gracieusement sur l'eau, se redresse, s'incline encore. Elle va courir ainsi pendant de longs jours, d'horizon en horizon, sur les solitudes de l'océan Pacifique. Elle a peut-être 35 mètres de long sur 5 de large, comme le *palace car*, mais ce n'est pas le *palace car* qui s'est mis en route sur la mer, c'est le navire en bois très simple, goudronné, sans autre ornement que de la cotonnade jaune en rideaux des cabines. Il y a un *roof* à l'arrière, percé de petites fenêtres ouvrant au ras du pont, et qui donne sa hauteur à la grande cabine de deux mètres carrés où l'on mange. Tout autour de ce salon des passagers, quatre cellules avec deux couchettes superposées. On peut se tenir debout devant les couchettes, le nez ou le dos contre le rideau jaune. A tribord, en avant des cellules, la chambre du capitaine; à bâbord, l'office. Tout à l'arrière, sur le pont, la roue du gouvernail. En avant du *roof*, la cale et le pont, chargés de bois. On m'a fait la gracieuseté d'une planche étroite et longue qui me sert de promenade. Près du mât de misaine, à la proue, la cuisine et le logement de l'équipage.

Un petit monde en raccourci que la *Paloma*. Le capitaine et sa femme sont d'aimables gens, très simples, des Suédois qui aiment la France et parlent un peu le français. Le capitaine Nyssen est un excellent marin, doux et calme, qui, depuis dix ans, fait cette traversée de San Francisco à Taïti. Madame Nyssen a été jolie, est encore accorte, et s'est faite, en vraie femme de marin, la compagne de son mari. Le second du bord est un Danois, le lieutenant un Anglais. Sous une rude écorce, ils sont polis, réservés et respectueux. La hiérarchie maritime a passé par là. La mer est une grande aristocrate, bienveillante et qui, de degrés en degrés, façonne ses serviteurs à son image.

Il y a deux passagers, un vieux médecin allemand qui va s'établir à Taïti, et un jeune Irlandais d'une maison de commerce à Papeïti. Le cuisinier est Chilien ; c'est un grand homme sec et maigre, brandissant toujours un coutelas, avec un feutre pointu et à larges bords sur la tête. Les six matelots sont des Canaques de Taïti. Il y a *Tom*, un terre-neuve; *Red*, un roquet, puis une chèvre, *Mirza;* un cochon familier, si rempli de gentillesse qu'il ne sera sans doute pas tué; des poules, et enfin des pigeons qui ont leur pigeonnier dans le grand mât.

Pendant les premiers jours, il fait froid. Les Canaques grelottent, les bêtes dorment. A l'arrière, on fait connaissance et l'on s'essaye à causer, par une pantomime expressive et dans une langue surprenante où tous les idiomes se mêlent. Je comprends le désarroi de la tour de Babel. D'ailleurs, on mange beaucoup, on mange même trop à bord de la *Paloma*. Du café, un déjeuner, un lunch à une heure, un dîner, le thé. J'en arrive très vite à supprimer le *lunch*.

Le 31 janvier, après six jours de route au sud, les premières chaleurs arrivent. C'est un printemps délicieux dans l'azur du ciel et des eaux. Les nuages sont bleus avec des flocons blancs. La mer bleue se ride sous une brise tiède et légère. Le soleil a de chauds et purs rayons. La *Paloma* s'anime et s'égaye. Et cela va durer longtemps. Il n'y a pas une corde à toucher. La goëlette, aux mêmes amures, s'incline aux vents alizés, laisse derrière elle un sillage argenté. Les pigeons décrivent autour des mâts de grands cercles concentriques, s'absentent parfois jusqu'au soir, reviennent au gîte. *Red* et *Tom* aboient aux poules, qui se réfugient effarouchées dans leurs cages. *Mirza* bêle et allaite ses chevreaux. Le cochon gambade et folâtre avec les Canaques, qui se réchauffent à leur soleil et rient de n'avoir rien à faire.

Le capitaine a fait son point et dort dans sa cabine. Madame Nyssen coud. Le second tient nonchalamment la barre. Le docteur allemand boit de la bière sans relâche. Il en a sa provision particulière qu'il a emportée avec lui. Il arrive, sa bouteille à la main, fait sauter le bouchon : « Push, monsieur, beer, champaign, très bon, voulez-vous ? » Il en boit trop, ne se décourage, ni ne le regrette. Il a le procédé de

Vitellius pour recommencer. Le jeune Irlandais fend du bois éternellement. Il aime à dépenser ses forces. Sa manière est originale et pleine d'imprévu. D'un coup vigoureux il plante sa hache dans le morceau, puis il la renverse attachée au bois, et à tour de bras, de volées successives, c'est le morceau de bois qu'il frappe contre un billot de chêne. La bûche, à chaque fois, s'entaille plus profondément au contact du coin de fer qui la pénètre, et se sépare en deux parties qui, violemment, au hasard, se projettent au loin. Le cochon en est atteint, en grogne de douleur, et, sur mon promenoir, j'en ai la tête effleurée. Le cuisinier chilien contemple l'Irlandais avec admiration, et, de son coutelas, égorge un poulet.

J'ai réglé ma vie comme un moine. En dehors des heures où je me promène, je lis des romans anglais indéfiniment. Ils sont de circonstance après avoir traversé l'Amérique, tous de Cooper. *Le Dernier des Mohicans*, *les Pionniers*, *la Prairie*. La prairie, j'en ai encore devant les yeux la mélancolique étendue. C'est aussi *Pendennis* de Thackeray, une admirable et curieuse étude des mœurs et de la littérature anglaises, et le *Mari et femme* de Wilkie Collins, la mordante critique de ces exercices si vantés du sport, qui, poussés à outrance, tuent le corps

LE COCHON EN EST ATTEINT.

et l'âme des jeunes hommes. Puis la nuit tombe, subite, comme un rideau de théâtre, sombre d'abord, où s'allument ensuite les étoiles. Après le dîner, M. et madame Nyssen se promènent, en quatre pas, affectueusement enlacés, sur le roof. Le jeune Irlandais et l'Allemand jouent au piquet.

L'officier de quart veille, les Canaques dorment. Je me promène encore, un peu tristement ; car je pense, malgré moi, à ceux que j'ai quittés, à ce Paris qui est si loin et dont je m'éloigne de plus en plus. C'est donc vrai, je suis parti. A minuit, je me couche. Dans la vie active, le sommeil est la halte. Dans l'existence contemplative, il est l'oubli. Au début, Tom venait partager mon lit. Mais il a trop de puces, je me suis séparé de mon compagnon.

Après dix-neuf jours de traversée, la *Paloma* mouille à Nouka-Hiva, aux îles Marquises. La flore équatoriale y apparaît dans tout son éclat. Les bords mêmes de la rade, au delà d'un sable jaune en coquillages, sont couverts d'une végétation puissante. Des massifs d'arbres, qui semblent détachés d'une forêt, s'y recourbent en dômes de verdure impénétrables aux rayons du soleil. Sur le sol, dans un merveilleux enchevêtrement, le fouillis des arbustes bas et des plantes grasses. Et partout, aux clairières tapissées de mousse, le svelte élan des palmiers et des cocotiers. A peine la *Paloma* est-elle en rade que la légende commence. En même temps que des pirogues chargées de fruits, des femmes nues se dirigent en nageant vers le bord. Leurs mouvements sont d'une grâce hardie. Leurs épaules, d'un noir jaune, luisantes et perlées, émergent de l'onde. Le buste parfois en sort à demi. La tête a une couronne de feuillage ou de fleurs.

Elles se rapprochent, les voici tout près. Ces sirènes sont des négresses. Les lèvres sont grosses, le nez écrasé, le front bas. Les cheveux, toutefois, sont fins et lisses. Le visage, d'une expression morne, ne s'anime qu'aux mobilités de l'instinct. Aux rebords des pirogues ou à l'échelle de la goëlette, elles se sont accroupies sur les talons. Elles ont les mains croches et les pieds prenants. Avec des gestes simiesques, elles sollicitent les morceaux de biscuit qu'on leur montre, les attrapent au vol, les gardent en leurs bajoues ou les croquent en un cliquetis rapide de leurs dents blanches. Puis elles plongent sous le flot et, en riant, regagnent le rivage.

Vers quatre heures de l'après-midi, nous faisons une excursion dans l'île. Sous ces ombreuses retraites, la chaleur est humide et lourde. Elle tombe du ciel, et le sol l'exhale. De distance en distance, une case canaque. Une toiture longue en paille sur de petits troncs d'arbres. Là-dessous, du feu et de la fumée pour chasser les moustiques. Ceux-ci sont les bêtes redoutables des Marquises. La plaie qu'ils font s'envenime, ne guérit que lentement. Ils sonnent leur fanfare et peuplent l'air. Des Canaques viennent à nous et nous offrent des cocos. Ils se hissent au haut de l'arbre, des pieds et des mains, le corps écarté, en s'aidant des aspérités de l'écorce. L'œil du coco se perce à la pointe d'un couteau, et le lait ou plutôt l'eau qu'il contient est d'une fraîcheur délicieuse.

Ces Canaques de Nouka-Hiva, peuplades guerrières encore, sont nus et tatoués. Ils montrent ces dessins avec fierté ; mais quelquefois, tout à côté, sur la poitrine ou sur les reins, il y a des écailles blanchâtres et squammeuses. C'est la lèpre. Ils ne s'en affligent que peu, la montrent également, en la touchant du doigt, avec un rire inquiet, dans l'inconscience pourtant de ce qu'elle a d'horrible et de funeste. Les animaux sont ainsi, insouciants du mal hideux qu'ils traînent ou qu'ils voient traîner à leurs congénères. Ils ne s'en alarment que par l'odorat ou par une secrète corrélation physique quand la décomposition arrive. Alors ils fuient le malade ou, s'il s'agit d'eux-mêmes, s'en vont mourir, hébétés, dans un coin.

Cinq jours après, le 22 février, la *Paloma* jetait l'ancre à Taïti. J'étais arrivé à ma destination, j'y trouvais la *Vire* et j'en prenais le commandement. La *Vire*, avec quatre canons de 14 sur son pont, une machine de 150 chevaux, une vaste cale à chargement de 400 tonneaux, ses trois mâts et ses doubles huniers, est ce qu'on appelle un aviso transport. « Je suis souris, voyez mon corps ; je suis oiseau, voyez mes ailes. » Et, de fait, quand, sous le poids qu'elle porte, elle noie sa ligne de flottaison, que la mer l'a couverte de sa mousse et de sa rouille, elle a les apparences d'un obscur transport. Mais, en rade, ou dans de rapides tournées d'un service militaire, quand sa ligne d'eau se relève, quand elle s'est peinte et fourbie, que ses vergues sont dressées, que ses cuivres reluisent, elle prend, presque coquettement, les allures d'un aviso. D'ailleurs, l'air et la lumière y circulent à flots, et le bien-être y est partout. C'est un aimable et bon navire.

Les officiers sont mes camarades de la marine. L'équipage est de cette vaillante et forte race des marins de nos côtes, simple et dévouée jusqu'à la mort. Enfin, je ne suis plus un exilé qui court le monde. J'ai mon navire, mes officiers, mes matelots. Et si j'emploie ce pronom possessif, ce n'est point par une pensée de propriété ou d'autorité, mais par suite de ce large courant d'affection qui, pendant trois ans, va s'établir d'eux à moi, de moi à eux. Là est le secret de la force armée, des services qu'elle peut rendre et des succès qu'elle remporte. La discipline, c'est l'affection.

A Taïti, non moins qu'à Nouka-Hiva, je me sens réfractaire à la légende. Et cependant, ici, elle fait foi. Les poètes ont chanté la fille d'Otaïti, — qu'ils n'ont pas connue. Les navigateurs l'ont célébrée. Après une longue traversée, c'est excusable. Toutefois, à Taïti, la légende change de forme. Les jeunes femmes ne viennent plus en ondines se jouer autour du navire. Sous la verdure des grands arbres, vêtues de tuniques flottantes, elles apparaissent, en une perspective bleuâtre, comme les nymphes de l'île de Calypso. Leur taille est élégante, leur démarche est envolée. C'est à peine si l'herbe du chemin se courbe sous leurs pas. Mais, de près, l'illusion s'enfuit, la guenon reste. Du moins pour moi. Peut-être faut-il pour complices à la légende l'amoureuse folie et les juvéniles audaces de la vingtième année.

Taïti est, d'ailleurs, le plus charmant paysage qui

se puisse voir. Les bois mythologiques dont l'ombre est profonde, les berceaux de verdure, les corbeilles de fleurs, la moire des cascades aux flancs des coteaux, s'y fondent à l'œil en une harmonie douce et souriante. Une brise embaumée imprègne l'air, court sous les feuillages. L'eau des ruisseaux, d'une transparence argentée, bondit sur ses cailloux et s'éloigne en chantant. La mer n'est plus qu'Amphitrite dont le sein se gonfle et respire. Aux feux du jour succède la splendeur des nuits. Les senteurs agrestes se mêlent aux parfums attiédis. Toutes les molles langueurs de la nature enserrent l'île, l'embrasent et l'apaisent.

Aussi les mœurs des habitants étaient et sont encore douces et enfantines. La pensée vague dans le repos du corps, les chants et la danse sont leurs plaisirs. On se rassemble le soir au bord de la mer pour chanter les Hyménées. Ce sont des mélodies indécises et tendres. La danse, abandonnée et lascive, n'est pourtant pas, comme chez la plupart des peuplades sauvages, la trop brutale mimique du plaisir. Il semble qu'elle ait la pudeur de ces belles nuits où Diane la regarde de ses yeux clairs.

Papeïti a aussi des distractions pour les Canaques. Le jeudi soir, un orchestre d'amateurs où la musique de la frégate amirale, si elle se trouve en rade, joue sur la place du Gouvernement. Les indigènes, qui adorent la musique, accourent à Papeïti de très loin à la ronde. Tout autour de l'estrade, on se promène, et plus loin, aux quatre côtés de la place, on s'asseoit sur l'herbe épaisse ou sur des bancs. La colonie est là en miniature, les officiers des navires, ceux de l'armée employés dans l'île, les colons en vêtement blanc et en chapeau de paille. Les jeunes femmes canaques, habillées de gaules de couleur, des fleurs gracieusement posées dans leurs cheveux, ce à quoi elles excellent, courent en riant parmi les groupes. De proche en proche, éclairés par des lanternes en papier, il y a des étalages de fleurs et de gâteaux. La reine Pomaré et sa famille viennent là parfois, les soirs de la musique amirale. Je crois que je ne suis pas très curieux. Pendant les trois mois que j'ai passés à Taïti, je n'ai jamais vu la reine. Je l'ai aperçue une seule fois, de dos, comme elle revenait d'une promenade en voiture. Mais j'ai sa photographie.

Au fond, à moins qu'il ne tourne à la vie canaque, ce qui arrive quelquefois, et alors il a sa case et sa famille canaques, vit à peu près nu, se baigne une partie du jour et fume indéfiniment des cigarettes, l'Européen s'ennuie à Taïti, s'y épaissit, s'y affaisse.

Il s'engourdit, à ce pays de soleil et de fleurs. A la longue et se laissant glisser sur la pente de la paresse et de la sensation, toujours facile et prête à ses désirs, il y deviendrait, comme les indigènes, un frugivore. Or, quoique cela soit bizarre à dire, le progrès dans la civilisation est aux carnivores, comme la domination, dans la nature, est aux carnassiers. Il faut à l'homme physique la chair et le sang de l'animal, de même qu'il faut à son être intelligent la chair des passions. Il lui faut la femme, tirée de sa propre côte et à laquelle il a donné une âme. Taïti est un Éden, mais un Éden sans Ève et qui n'a point, pour révélateur des destinées humaines, l'arbre de la science du bien et du mal. Ces îles délicieuses, perdues dans les solitudes de l'océan Pacifique, sont les oasis du néant.

C'est le 10 juin 1876 que la *Vire* part de Taïti pour se rendre à la Nouvelle-Calédonie, où elle fera partie de la division navale. Mais auparavant elle passera par les îles Samoa, Wallis et Fidji et fera la tournée des Missions. Dans toutes ces îles, d'ailleurs à peu près semblables à Taïti comme végétation et comme indigènes, il y a des missionnaires français et anglais.

Le but et le prétexte sont les mêmes. Le but, c'est le commerce; le prétexte, c'est la conversion des indi-

ILS REPASSENT LE LINGE, EMPESENT LES JUPONS.

gènes. Toutefois le catholicisme et le protestantisme ont leurs moyens différents et sont en guerre continuelle l'un avec l'autre. Cela crée parfois des difficultés internationales. Cela trouble aussi les sauvages qui ne comprennent rien à ces combats de leurs pasteurs d'âmes, mais qui n'en travaillent pas moins à récolter l'huile de copra au profit de l'une et de l'autre des deux communions en présence.

L'œuvre des Missions françaises a eu son heure de retentissement romantique, puis le silence s'est fait par degrés autour d'elle. Aujourd'hui, elle se continue dans le banal et l'inutile. Je ne parle que de l'œuvre, car elle a encore ses obscurs grands hommes, ses martyrs parfois, ses enthousiastes et ses résignés. Tous ont un trait commun : le désir gai d'en finir avec la vie. C'est en riant qu'ils montrent au voyageur la tombe d'un père : « Il est bien là, mon tour viendra. » L'éléphantiasis n'est pas rare. Le missionnaire regarde sa jambe grosse et malade et se met à sourire : « C'est un mal très lent, qui ne me donnera que quelques années de moins à vivre. » Ils poursuivent un but plus élevé que la vie, une patrie idéale au-dessus de celle-ci. C'est vers elle qu'ils s'acheminent, par le renoncement et la charité, à travers les ronces de la propagande et du trafic. Je n'oserais dire qu'ils prennent en un certain mépris le métier qu'ils font ; mais ceux-là seuls le pratiquent avec ardeur, qui sont ambitieux et veulent en sortir. Quant à l'œuvre, elle a depuis longtemps et hardiment affiché sa devise : « Propagation de la foi par le commerce. »

Elle a encore quelques petits navires, elle en a eu un grand qui est légendaire dans les îles, l'*Arche d'alliance*, que commandait un ancien lieutenant de vaisseau. Celui-là était un mystique et un illuminé. Un jour, l'*Arche d'alliance* va se voir devancée au port par un bâtiment anglais. Le capitaine s'adresse à la Vierge Marie. Il lui représente quel inconvénient commercial il y aurait là pour les Missions, et la supplie d'intercéder auprès de Dieu le Père pour que l'*Arche d'alliance* arrive la première. La requête du capitaine est prise en considération, il entre au port avant l'Anglais. L'œuvre tranquillement a mis Dieu à son service.

Une autre fois, le navire échoue. Les efforts pour le retirer de la côte sont vains. Les bras sont las, les esprits découragés. Le capitaine fait cesser le travail. « Chantons un cantique, » dit-il. Les voix s'unissent, s'élèvent et s'exaltent. La foi revient aux âmes, les forces au corps. Le navire est déséchoué. Cette fois, inconsciemment, le capitaine, au profit de sa cause, a invoqué le fluide nerveux, établi le circuit magnétique. La religion qui le sait bien, sans le dire toujours à ses adeptes, a, comme tout grand sentiment, de ces magies physiques qui soulèvent l'homme.

Les trois types de serviteurs que possède l'œuvre s'offrent à nous aux Samoa, aux Wallis et aux Fidji. Aux Samoa, c'est monseigneur Éloi. Il est dans la force de l'âge, très intelligent, très fin, et sans petitesse d'esprit comme sans routine, très soucieux des intérêts de l'œuvre. Les Samoans, auxquels il a affaire, sont une race polynésienne très pure, ouverte et franche, le seul peuple sauvage qui sortira peut-être de ses langes d'instincts. Il l'a compris, guide leur raison naissante, les caresse et les sert. Il leur permet les chants et la coquetterie. Le vendredi, tous ces sauvages, se trempant les cheveux de chaux, ont l'air d'être poudrés à frimas. Le dimanche, à la messe, ils ont, évidée aux tempes, une chevelure rouge, toute rutilante, dont ils sont fiers. Là aussi, le protestantisme est en face de monseigneur Éloi. Il lui tient spirituellement tête et le désarçonne. Parmi les sept péchés capitaux, la luxure a toujours été la pierre d'achoppement de l'œuvre. Les sauvages n'entendent rien à la continence. Quelques-uns qu'on avait tenté d'ordonner prêtres ont pris femme aussitôt.

La propagande par eux devenait impossible, et les missionnaires protestants se moquaient. Monseigneur Éloi n'a plus ordonné de prêtres, n'a plus eu que des catéchumènes... mariés. Ceux-là vont, par les tribus, répandant la semence divine. C'est de la fausse monnaie protestante et de la meilleure, car elle passe mieux qu'elle. Les sauvages, qu'on ne tourmente pas de devoirs ou d'austérités antipathiques à leur nature, préfèrent les pompes de l'Église à la nudité du temple. La mission prospère aux Samoa.

Aux Wallis, monseigneur Bataillon est un évêque du XIIe siècle égaré dans le nôtre. Ce grand vieillard de soixante-dix ans, à la longue barbe blanche, au nez d'aigle, aux yeux d'un bleu pâle, d'un ascétisme d'anachorète, inflexible, intrépide et autoritaire, a fait l'île catholique d'un bout à l'autre. Il s'est imposé à elle, la captivant par son dévouement et par sa charité, la bravant par son audace, frappant les dissidents par la guerre et par l'exil. Il avait, en effet, pour lui la reine Amélie, ainsi nommée de la reine des Français.

Il l'avait élevée, instruite, adoptée pour fille spirituelle, et la domine encore. Il est, de par elle, le maître des Wallis. Il n'a jamais permis aux missionnaires anglais de s'y établir. Il n'avait point de mandat pour cela. Il ne l'a point voulu, c'était assez. Il inspire à la fois à ses missionnaires et aux sauvages la terreur et l'admiration. Il a fait porter à ce peuple des pierres sur le dos, lui a fait bâtir une cathédrale.

Lourde et massive avec ses deux tours, elle s'élève vers le ciel au milieu de ces cases minuscules au ras du sol, monument bizarre d'un autre âge et d'un autre monde. Cependant la vieillesse du grand évêque s'inquiète et s'attriste. Il a courbé ces innocents sous le joug et sous la règle, à ce point qu'ils n'aient plus les vices ni les vertus qui leur étaient propres. Mais, des vices, il est resté l'hypocrisie, et avec les vertus s'en sont allées la gaieté, la naïveté et la cordialité des mœurs. Quant aux vertus nouvelles qui leur sont prêchées, ils en balbutient le nom, ne les comprennent pas, ne les pratiquent que par une obéissance morne et abattue. Est-ce donc là le résultat de quarante années d'efforts et de foi? Monseigneur Bataillon sent que son œuvre n'est pas bonne et pourtant ne veut pas douter d'elle. Il mourra debout dans ces sentiers où il a fait fausse voie et qu'il a crus les véritables. Il demeure une grande figure parmi ces semeurs de religion qui ne récoltent que la stérilité.

La *Vire*, de la part du gouvernement français, apportait un orgue de Barbarie à la reine des Wallis. Celle-ci n'accueillit ce cadeau qu'avec une joie timide. L'évêque avait vu d'un mauvais œil l'instrument de perdition. Il eût, me dit-il, préféré de beaucoup une baleinière. La reine Amélie, qui s'habille d'une longue robe fermée au cou, a une physionomie douce et aimable. Elle a deux ou trois phalanges de moins à chaque main. Il lui en manquerait davantage encore si monseigneur Bataillon ne s'y fût opposé. C'était en effet une coutume des Wallis que de se couper une phalange à la mort d'un parent. Cette coutume, que l'évêque a abolie dans son île, devrait s'introduire dans nos mœurs. Les gens réellement affligés se laisseraient couper une phalange sans même y songer. Que leur importe? Ceux qui le seraient modérément, mais qui respecteraient les convenances, ne s'opposeraient pas à l'ablation. Ce serait signe de bonne compagnie. Viendraient enfin ceux qui n'auraient point de chagrin, tout au contraire, ou qui, très lâches, se refuseraient au sacrifice. A ceux-là il serait permis de se présenter devant le magistrat, qui, en raison de leur sécheresse de cœur ou de leur peu de courage, cyniquement avoués par eux, les dispenserait de se conformer à l'usage. Quelle simplicité dès lors dans les deuils et dans les cérémonies funèbres! Que de bonne humeur dans les compliments de condoléance! Comme on serait à l'aise de part et d'autre! Je me suis toujours étonné qu'on se lamentât autant aujourd'hui pour se consoler demain. Avec la phalange en moins en perspective, on se consolerait dès la veille. Comme cela serait sincère et naturel!

Aux Fidji, les Missions ont leur troisième aspect. Les Anglais ont accepté le protectorat des îles. Le roi a abdiqué. Il est désormais renté à la façon des rajahs de l'Inde, moins qu'eux. Il s'habille à l'européenne, en habit noir et en gilet blanc, et habite, à Levuka, une maison bourgeoise. Le « home » anglais s'installe dans l'île, qui s'éclaire au gaz et qui a ses tramways. Les sauvages étonnés regardent la civilisation. On les laisse en paix, jusqu'à ce qu'on les refoule sans pitié dans l'intérieur. Le vicaire apostolique, le Père Breheret, vit désormais paisible sous les lois anglaises. Il est le pasteur catholique et l'instituteur de ses sauvages. Il a une cure et une école. Il représente avec bonhomie, mais sans profit commercial possible, une religion indulgente et morale. Il est le prêtre, dans l'acception digne du mot. On supprimera bientôt la mission des îles Fidji.

Le 13 juillet 1876, la *Vire* arrivait en Nouvelle-Calédonie et mouillait à Nouméa.

VUE DE NOUMÉA.

IV

NOUMÉA.
AMIRAL PRITZBUER ET COLONEL GALLI-PASSEBOSC.
COLONS.
DÉPORTÉS ET TRANSPORTÉS.

On arrive à Nouméa par une passe très étroite et facile à défendre. La rade est sûre et bien fermée, d'un aspect tranquille, mais toute chauve de végétation. C'est un cercle de collines dénudées, rouges par endroits, qui l'enserre. A gauche en entrant est l'île Noû, avec de grandes constructions plates, le bagne, l'hôpital, la caserne. Plus loin, au delà d'une grande rade intérieure, la presqu'île Ducos. Là sont les déportés dans une enceinte fortifiée. Il n'y a d'enceinte fortifiée que la mer, avec ses requins très nombreux et ses chaloupes de surveillance. Le camp de ses déportés est formé de cases basses ou de paillottes. A droite, toujours en entrant, l'île aux Lapins, où sont un lazaret et de hauts fourneaux, et la fausse passe qui sépare l'île aux Lapins de la terre ferme et donne accès dans la baie de la Moselle. A partir de la fausse passe et sur les bords de la baie, quelques habitations éparses, puis le pays Latin, qui est un des faubourgs de Nouméa. C'est une agglomération de baraques, d'échoppes et de petites maisons en bois qui se louent pour la plupart aux fonctionnaires et aux officiers. Quelques-unes ont un petit jardin et des lauriers-roses.

Une longue et belle chaussée conduit du pays Latin à Nouméa. D'un côté de cette chaussée est la baie ; de l'autre, des marais à palétuviers qui seront comblés. Nouméa s'offre presque de face au navire qui pénètre dans la rade. Vue du pont, c'est un échiquier à rues en équerre, à maisons de bois à toits de zinc, n'ayant qu'un rez-de-chaussée et qui semblent aplaties sur le sol. Pas d'arbres, ils pousseront peut-être.

Le premier soir de notre arrivée, les matelots de la *Vire* ont été accusés d'avoir coupé les arbres des boulevards pour s'en faire des cannes. Je demandai avec étonnement qu'on me montrât les pièces à conviction. C'étaient en effet de jeunes plants, gros comme des bâtons, fichés en terre. Cette ville plate est toutefois dominée par la maison et les jardins du gouverneur, par la maison de l'évêque qui a quelques palmiers autour d'elle, et par le grand hôtel, peint en vert, du colonel commandant militaire. L'aspect général n'en est point triste. Il est inondé d'un soleil qui se brise en flèches d'or sur les toits de zinc. De dix heures du matin à cinq heures du soir, une brise presque constante du sud-est souffle sur Nouméa. Elle en est la santé. Puis le calme se fait, et les nuits d'un azur profond et toujours illuminé d'étoiles sont d'une beauté claire et sereine.

Le gouverneur, en 1876, est le contre-amiral de Pritzbuer. C'est un officier général d'un grand air, de manières affables et courtoises. Il est de haute taille, avec des yeux d'un bleu pâle qui ont des éclairs aux heures critiques ou violentes, et une physionomie à tons blancs et froids qui s'empreint tour à tour d'énergie et de bonté. Sa vie entière s'est passée aux stations et aux voyages lointains. En ses moments de causerie douce ou de rêverie, il en a comme le reflet, dans la parole et dans les traits. Ces passagères patries que s'improvise le marin se relient pour lui les unes aux autres par les souvenirs qu'il en évoque, par les compagnons qu'il y a rencontrés, qu'il retrouve plus tard.

C'est ainsi qu'à de longs intervalles j'ai connu l'amiral de Pritzbuer. Nous sommes revenus de Crimée sur le même vaisseau, le *Duperré*. J'ai déjeuné avec lui au Mexique, à la Vera-Cruz, sur le bâtiment qu'il commandait. Je le retrouve aujourd'hui dans son gouvernement de la Nouvelle-Calédonie. Il y a, pour nous, une grande famille maritime dont les attaches sont latentes, très fortes. C'est une camaraderie bienveillante d'une part, respectueuse de l'autre, affectueuse presque toujours. On se perd de vue, on ne s'oublie pas. Officiers et matelots sont de même race. Qui touche à l'un touche à l'autre. La mer fluide est le lien secret de ces âmes errantes.

Le commandant militaire est M. Galli-Passebosc, de l'infanterie de marine. C'est un colonel de quarante ans à peine, resté sous-lieutenant par la gaieté de l'esprit et la vivacité des allures. Il est très grand, avec un front bombé aux sourcils fuyant légèrement en arrière, ce qui est l'indice d'une ironie prompte et facile, l'œil clair, une moustache noire qu'il tortille par la pointe en ses instants de réflexion, le menton résolu, asseyant bien le visage. Cette verve prime-sautière et légère se concentre à ses heures. Le colonel est un érudit et un studieux. Sa lampe veille souvent la nuit. Il a refait ses humanités pendant ses loisirs de campagne, et, en soldat aventureux qu'il est, il annote Montluc. Ce caractère gai et hardi a naturellement l'insouciance du danger. Il ne croit pas à celui qui se cache perfidement dans l'ombre et, tout à ses instincts de bravoure téméraire, va droit à celui qu'il recherche et qui l'attire en plein soleil.

Nouméa ressemble beaucoup à une petite ville de province où l'on s'amuserait, ou mieux encore à une toute petite préfecture maritime. Il y a les mêmes éléments, un embryon d'arsenal, des navires en rade, des officiers de l'armée et des fonctionnaires qui souvent ont emmené leurs familles avec eux. Chaque semaine, à une soirée dansante, le gouverneur reçoit cette société aimable et polie. Il y a de jolies femmes, à la mode. Les toilettes qui arrivent de France, en six semaines ont traversé l'Océan. On se pare volontiers de coquetterie et d'atours. Le plaisir est le dieu fêté de ces exilées.

On ne sort guère de chez soi pendant la grande chaleur du jour. Le soir, vers cinq heures, on monte à cheval ou en voiture, et l'on va se promener aux environs de Nouméa. Le plus joli est à six kilomètres de distance, par une route hardiment pratiquée aux flancs d'un contrefort et en surplomb des vallées où s'accuse déjà la végétation de l'île. C'est l'anse Vata. Une petite baie de sable, de grands arbres, de hauts palmiers, un cottage qui appartient au gouverneur, la mer bleue et même des requins, c'est un petit coin de Taïti. Pour les équipages et les cavaliers, c'est une halte et un lieu de rendez-vous. On revient ensemble, on dîne le plus souvent les uns chez les autres, et la soirée se passe en causerie ou au jeu.

Il y a peu de Canaques, ceux de la police indigène, armés de bâtons et qui adorent leurs fonctions, et quelques-uns en service de louage chez des particuliers. Quelques femmes aussi. La domesticité les rend lourdes et grosses. Avec leur gaule fermée au cou, leur énorme chevelure coupée en boule rase à dix centimètres de la tête, la pipe à la bouche, elles ont l'air de pots à tabac. Des Néo-Hébridais sont également, par contrat de louage pour trois ans, employés comme domestiques. Ils émigrent ainsi volontairement des Nouvelles-Hébrides, y retournent. Ils sont assez actifs, assez fidèles, et plus noirs de peau que les Canaques, qu'ils détestent.

Mais les serviteurs par excellence, ce sont les transportés que l'administration pénitentiaire prête aux habitants. On les surnomme en plaisantant les « anges gardiens » de la famille. Et, de fait, on les désigne, dans cet emploi, sous le nom de garçons de famille. On les choisit, à dire vrai, parmi ceux d'entre les transportés qui ont la meilleure conduite. Ils viennent le matin du pénitencier, y rentrent le soir. On ne les paye que dix francs par mois. Ce n'est pas cher, et c'est une grande ressource pour les petits ménages d'officiers et d'employés, qui sont nombreux. Alors dans la maison, ils sont tout. Ils font la cuisine et la lessive, cultivent le jardin, repassent le linge, empèsent les jupons. Ils promènent les enfants, ou plutôt les enfants les promènent, car il n'est pas permis aux condamnés de sortir seuls par les rues. Assemblage bizarre, et cependant, en son étrangeté même, il y a quelque chose de moral, je n'oserais dire de touchant. L'enfant ignore, il sourit à cet homme comme il le ferait à sa nourrice ou à sa bonne. L'homme, de son côté, lui sourit, joue avec lui, quelquefois le porte dans ses bras.

Qui saura jamais les inconscientes profondeurs de l'âme? Peut-être le condamné se revoit-il alors en son enfance, quand il était un innocent et qu'il faisait un beau soleil. D'ailleurs ce que fait l'enfant qui ne s'en doute pas, presque tout le monde le fait ici avec le transporté. La faute s'oublie, l'expiation la paye.

La Nouvelle-Calédonie, avec son éloignement et son climat, et le nouveau régime pénitentiaire ont dissipé l'horreur du bagne. L'homme y vit sain, hors de la brume et du froid, qui accentuaient sa misère. Il n'y est plus marqué d'infamie par la chaîne, par le pantalon jaune, par la casaque rouge, par le bonnet rouge ou vert : il est habillé d'un pantalon et d'une vareuse de toile grise, coiffé d'un chapeau de paille. C'est presque un journalier qui passe. Dans la maison, on le gronde, on le brusque, on le rudoie même ; on ne l'humilie jamais. Il y est devenu, par les services qu'il rend, une sorte de commensal, d'un genre hybride, auquel on s'est habitué.

Il n'en faut pas moins un certain discernement dans le choix de ces garçons de famille. Un sanguin, aux colères violentes, ne doit pas prendre un transporté qui voyait rouge et jouait du couteau. Mieux lui vaut un simple voleur. Un père de famille qui a des jeunes filles fera bien de ne pas introduire chez lui un homme que ses passions brutales ont mené à l'île Noû. Un assassin sera plutôt son affaire. Le banquier évitera le faussaire. Les simples attentats à la pudeur le serviront avec désintéressement et ne violeront pas sa caisse. Un chimiste ou même un pharmacien s'abstiendront de l'empoisonneur. La tentation se double de science et, le cas échéant, serait trop grande. Le faussaire sera sans danger pour eux. C'est la physiologie prudente et sagace appliquée à cette domesticité nouvelle.

Le gouverneur avait à s'occuper de la transportation. Il y a fait établir par le directeur de l'administration pénitentiaire un très grand ordre, une discipline ferme et humaine. Des travaux considérables se sont entrepris et achevés. C'est ainsi que la butte Conneau, qui se tenait comme un morne avancé au-devant de la ville, dans l'espace déjà si restreint qu'elle occupe, a pu être rasée et a fait place pour une extension nouvelle à un vaste terrain. C'est ainsi que s'est faite, sur un parcours de plusieurs kilomètres, une conduite d'eau qui amène à Nouméa en toute saison une eau abondante et salubre au lieu de ces barils échauffés et saumâtres, obtenus à prix d'argent et d'efforts, et qui étaient pendant la sécheresse l'unique et insuffisante ressource des habitants. Cette conduite d'eau perpétuera en Nouvelle-Calédonie le souvenir du contre-amiral de Pritzbuer, comme le canal Gueydon a consacré à la Martinique le nom de l'amiral qui l'a créé.

Certes cela s'est fait à coups d'hommes et de temps et a usé le nombre et les années. Mais on ne peut demander aux travaux forcés que la lenteur qui ne se rebute pas, que la résignation qui se prolonge. Elles gardent, à celui qui sera libre sur cette terre où il doit résider, l'âpre habitude du travail et aussi l'idée d'une œuvre personnelle et féconde à poursuivre sur ce sol que ses sueurs de servitude lui ont déjà rendu moins ingrat et plus propice. Au cours de sa peine ou après avoir fini son temps, c'est pour elle-même, et elle le sait, que travaille une colonie pénitentiaire.

Quant à la déportation, le gouverneur de cette époque a fait mieux que de la réfréner : il l'a apaisée. A la presqu'île Ducos, où se trouvaient peut-être les désespoirs les plus ulcérés, les obstinations les plus farouches, l'évasion n'étant plus possible, on n'a plus tenté de s'évader. Sous un régime rigoureux, mais juste, où n'entrait que le parti pris de la répression, non de la colère, l'attente et de lointaines espérances ont remplacé la révolte et la hâte. Sur les monticules de la presqu'île, au creux de ses petites vallées, sous les larges brises de la mer qui n'agitent que le milieu du jour comme la destinée n'agite d'ordinaire que le milieu de la vie, les cases des déportés se sont engourdies silencieuses. On ne leur fournissait pas d'occasion aux témérités ou de prétextes à la plainte.

A l'île des Pins, la déportation libre, moins resserrée, est plus active et moins silencieuse. L'île à plages de sable est couverte de pins, de banians et de niaoulis. Des champignons de corail, évasés en bas par l'éternelle morsure ou l'éternelle caresse de la lame, émergent de l'eau en corbeilles d'arbustes et de fleurs. A quelque distance de la plage, la suivant d'abord, puis pénétrant au milieu de l'île, est une belle route d'une quinzaine de kilomètres. C'est aux abords de cette route qu'à des intervalles de deux kilomètres les unes des autres s'échelonnent les cinq communes de la déportation libre.

La dernière, la plus éloignée, est particulièrement réservée aux Arabes de l'insurrection de l'Algérie en 1871. On les voit, errant çà et là, résignés ou stoïques, sous leur long burnous blanc que serre à la tête la corde en poils de chameau. Leur œil garde une flamme douce à demi éteinte ; ils s'inclinent, au passage d'un chef français, avec l'humilité digne qui leur est propre, et, le soir, se prosternant au soleil couchant, baisent cette terre qui leur est ennemie, mais qui n'en est pas moins celle de Dieu. Aux autres communes, c'est le village français, une quantité de cases basses, en paillotte ou en torchis, moins que rien. La pluie ou la clarté de la lune tombent au travers du toit. Nul ne prend racine en ce lointain pays. Ce n'est pas le fait du déporté seul, c'est aux colonies, aux Indes ou aux îles, comme on disait autrefois, celui de tout Français.

Nous ne songeons que trop, exilés volontaires ou non, au retour dans la patrie. Plusieurs ouvriers travaillent cependant et se sont construit des ateliers. Ceux-là aiment leur métier comme un art, et le travail comme un plaisir. Ce sont des forgerons, des ébénistes, des tourneurs en bois, deux ou trois peintres, deux ou trois sculpteurs. Ils ont envoyé leurs œuvres à l'exposition de Nouméa en 1877.

Mais la grande masse ne fait rien, tourne sur elle-même, s'ennuie. Le jardinet seul, auprès de la case, a quelques fleurs et des légumes. C'est la distraction de la femme, des enfants, du père quelquefois. En somme, tous ces gens-là en leur flânerie monotone, me représentent assez exactement des ouvriers de Paris — ils le sont — qui se promèneraient pendant un diman-

CEUX-LA AIMENT LEUR MÉTIER.

che sans fin, dans la banlieue, sans argent. Ils ne sont d'ailleurs ni arrogants, ni farouches, ni très tristes. Ils saluent d'eux-mêmes le gouverneur quand il vient dans l'île, le commandant territorial ou ses officiers quand ils passent. Ce sont des saluts échangés d'une façon courtoise et conciliante. Il n'y a plus qu'une consigne que les uns exécutent, à laquelle les autres se soumettent en la respectant.

C'est ainsi que deux années s'écoulent pour la *Vire*. Elle est tantôt en station à Nouméa, tantôt en excursion à quelque point de l'île. Elle va deux fois à Sydney, en Australie. L'Australie, c'est dans l'origine, Botany Bay, cette colonie pénitentiaire de laquelle est sorti un continent florissant et fécond. Sydney est une grande ville anglaise hospitalière et aimable. Sa rade est un bras de mer de plusieurs lieues de long. Avec ses sinuosités riantes, ses criques nombreuses, ses collines chargées de végétation et de villas, elle est moins imagée, moins théâtrale, mais plus sûre de l'avenir et, dans une activité sereine, le Bosphore de cette Constantinople des tropiques qui n'a point encore un siècle d'existence.

Au mois d'avril, le nouveau gouverneur arrive. C'est le capitaine de vaisseau Olry. Il a la même autorité ferme et bienveillante que l'amiral de Pritzbuer. S'il se réserve, il a des façons froides, un peu hautaines. Quand il se livre, c'est avec un grand charme d'abandon et de camaraderie. Sa taille est moyenne et bien prise, ses épaules larges sont celles de l'homme d'action et du travailleur qui porte aisément sa double charge.

Tout blanc de cheveux et de barbe, il a les sourcils noirs. La barbe, en collier, encadre un visage bistré où l'œil avec de subites caresses, a une expression d'énergie contenue. Les cheveux blancs, venus avant l'âge, donnent une plus grande jeunesse à la physionomie.

Le contraste a son originalité singulière. La vie en apparaît mieux dans sa sève et dans sa puissance. A quarante-six ans, le commandant Olry est en pleine possession de lui-même. Quelques jours plus tard, il donne pour mission à la *Vire* de faire le tour de la Calédonie en passant par les îles Loyalty Les renseignements que je lui fournirais à mon retour lui serviraient pour la tournée d'inspection générale qu'il doit faire lui-même.

Le 27 mai, la *Vire* partit. Le gouverneur m'avait recommandé de m'occuper des Canaques, de m'informer de ce qu'ils devenaient. Cette recommandation m'avait surpris. Depuis deux ans que j'étais en Nou-

velle-Calédonie, il avait été si peu question des Canaques que je pouvais croire qu'ils n'existaient pas ou
qu'ils n'existaient plus.

V

LE TOUR DE COTES. — LA BAIE DU PRONY.
LES LOYALTY. — PAM. — L'ILE DES OISEAUX. — BOURAIL.
LES MARIAGES DE TRANSPORTÉS

Le 27 mai 1878, la *Vire* appareillait. En s'éloignant de Nouméa par le sud-est, elle allait d'abord aux îles Loyalty, puis, remontant la côte est, devait visiter le nord de la Nouvelle-Calédonie, explorer les îles Huon et redescendre par la côte ouest à son point de départ. A vrai dire, et pour la première fois, nous allions faire connaissance avec la Nouvelle-Calédonie.

Notre première étape fut la baie du Sud ou du Prony. C'est une rade merveilleuse, ou plutôt ce sont trois grandes rades séparées par les îlots et s'enfonçant par des bras de mer dans l'intérieur des terres. La baie, ses îles, ses collines montueuses, sont toutes bordées ou couvertes de forêts. Cette immense verdure a des profondeurs d'ombre, sombres et bleuâtres. Des sources d'eau ferrugineuse et bouillante s'épandent çà et là des hauteurs et les ravinent en s'y creusant un lit d'argent qui fume. Le grand soleil et la pluie se succèdent sur la baie. Le ciel s'obscurcit de larges ondées qui passent, puis reprend tout son éclat. Il y a dans ce paysage de chênes-gomme, de kaoris, d'ormes et de frênes, les belles journées d'été de la Bretagne. La brise s'y imprègne de senteurs, y est fraîche et fortifiante. Un tout petit coin, au fond de la baie du Sud, est habité. Il y a là les chantiers d'exploitation de bois. Il y a des fosses, une scierie à vapeur, des magasins, un camp de transportés chargés du travail. Ils sont soixante, et soit à dessein par suite de la salubrité du climat, soit par hasard, ce sont des valétudinaires ou des gens de la société polie tombés au bagne, des notaires, des banquiers, des médecins. On les voit dans l'eau jusqu'à mi-corps ou jusqu'au cou, traînant des pièces de bois, avec des membres chétifs, les épaules déjetées, de maigres biceps sous l'effort qu'ils font, quelques-uns avec des lunettes. Ils n'ont pas froid, car l'eau est tiède, et néanmoins ils grelottent souvent de la fièvre que détermine le contact permanent de l'eau de mer. A ce contact aussi, la peau des jambes surtout se tuméfie, s'écaille, devient malade. Les transportés alors ne travaillent plus, se reposent de longs jours, et, d'un œil mélancolique et vague, contemplent autour d'eux les magnificences de la nature.

La *Vire* cingle vers les Loyalty. Elle est sortie par le canal de la Havannah, que roulent sur lui-même de violents remous de courants, où s'élèvent du fond jusqu'à fleur d'eau de longues et fines aiguilles de corail. Ce qui frappe, en ces navigations lointaines, c'est l'inconnu. On l'a devant soi, latent et pourtant saisissable. Il semble que le flot s'étonne du navire qui le sillonne, que les terres nouvelles tressaillent à sa vue. La civilisation vieillit le monde, étend sur lui un voile d'habitude et de réalité. Là-bas, rien de pareil. L'air est d'une transparence fluide, l'eau a sa clarté lumineuse, les îles, au matin, émergent d'une brume légère et diaphane. Tout cela vit d'un souffle vierge auquel l'homme n'a pas mêlé le sien. Les indigènes, en petit nombre, y sont encore des créatures d'instinct et de sensation en qui la raison sommeille, chez qui le sentiment ne point pas. C'est ainsi que nous apparaissent les îles de Maré et de Lifou. Sur toutes deux cependant, quelques Européens ont pris pied. Ce sont, comme partout, ces éternels pionniers d'une religion entêtée et d'un commerce profitable, les missionnaires catholiques et protestants. La religion demeure incompréhensible aux sauvages, et le commerce ne va guère. Toutefois les protestants ont l'avantage. Il y a six indigènes protestants pour un catholique. C'est que les missionnaires anglais ne surmènent pas leurs ouailles d'enfantillages religieux, d'homélies sentimentales, ni du travail commandé par Dieu. Ils vont droit au but, aux intérêts matériels, les leurs et ceux de leurs convertis. Ils se sont faits les maîtres enseignants, les hommes d'affaires des indigènes. Ils les conduisent, par les conseils pratiques et par l'exemple, à la bonne culture, aux récoltes fructueuses, à l'hygiène et au bien-être. Ils ne vivent point d'eux par l'aumône rebelle, mais par des honoraires en apparence facultatifs. A de certains jours qu'ils désignent à l'avance, ils sont prêts à recevoir des redevances en nature et en argent. Si les redevances n'arrivent point, ils ne se plaignent pas, mais ils mettent en interdit d'aide et de conseils celui qui s'est abstenu. Ils cessent de lui être propices, et celui-là qu'ils délaissent, moins heureux désormais, vient vite à résipiscence. Aussi les cases canaques, groupées autour du temple, sont-elles propres et bien tenues, les hommes, les femmes et les enfants décemment habillés de cotonnade bleue, avec un air d'aisance et de santé. Quant au pasteur, dans son presbytère, aux murs blancs tapissés de plantes grimpantes, il a sa femme qui est sa compagne, ses meubles en noyer cirés et frottés, un keepsake sur la table ronde, et le thé tout préparé avec des biscuits. Le *home* anglais en son strict confortable. C'est là qu'en commerçant d'ordre spirituel il mène son existence, étroite d'esprit, correcte de forme.

A un autre bout de l'île, le missionnaire français vit, sous une hutte, d'un peu de pain, quand il sait en faire, et des fruits qu'il prend à l'arbre. Sa robe est usée, son tricorne chauve, sa barbe inculte et longue. Tout déguenillé, son troupeau d'indigènes, qu'il essaye de vêtir, psalmodie des cantiques ou court les bois, malpropre, hypocrite et paillard. Le Père cependant n'est pas triste. Il a fait son deuil des prospérités de ce monde non seulement pour lui, mais pour sa mission, dont il est, en ces îles d'un mauvais rapport, l'enfant perdu et oublié. A pied, avec un bâton ferré, ou à cheval, sur un bidet étique venu de Nouméa on ne sait comment, il va de paroisse en paroisse. L'église, en bambous, a sur le sol des jonchées de feuillage ; l'autel a des fleurs. C'est plus beau que le temple qui est nu. Son amour pour son église et sa haine pour le protestant suffisent au père. Ses jours sont pleins.

A Lifou, l'eau est si claire, qu'à une profondeur de trente brasses on aperçoit l'ancre mordue dans le sable et la chaîne élongée sur le fond. A terre, il n'y a qu'un résident. Avec quelques agents sous ses ordres, il représente l'administration coloniale, qui, à vrai dire, n'administre rien. L'île est en effet improductive. La résidence ne consacre guère que notre droit d'occupation. Pour la première fois, à Lifou, je vois un pilou-pilou. Le résident a convoqué près de sa maison, dans une petite prairie ombragée d'arbres, les guerriers et les femmes de la tribu la plus voisine. Il est huit heures du soir, et l'on allume de grands feux. A la lueur des flammes qu'ils traversent parfois, les Canaques, en tenue de guerre, peints en noir çà et là sur le visage et sur le corps, la hache ou la sagaie à la main, le coquillage au genou, et une plume sur la tête, font le simulacre d'un combat. Avec des grognements rauques et répétés, ils piétinent sur place, agitant leur sagaie, brandissant leur hache, grinçant les dents, grimaçant des traits. Ils se séparent en deux bandes ennemies. Chaque bande tourne longtemps en cercle avec des rauquements plus gutturaux, des piétinements plus précipités, plus furieux. Enfin elles se retrouvent en présence et s'élancent avec un cri l'une sur l'autre, frappant devant elles de la hache et ne l'arrêtant qu'à la limite précise où le coup va porter. Toute la façon de combattre des sauvages est là. La patience et la ruse s'exaspèrent par le fluide nerveux en mouvement et s'exaltent jusqu'au courage sûr de son coup.

La danse des femmes vient ensuite. Comme celle de tous les peuples primitifs, elle est la mimique de la sensation. Sur un rythme lent et cadencé, les bras ballants, les pieds fixés au sol, la danseuse n'a qu'un mouvement des hanches qui ondulent et roulent sur elles-mêmes, avec une flexibilité extrême, et, par moments, quelques soubresauts des reins souples et puissants. Puis, le rythme et la danse s'accélèrent, s'arrêtent net, et la femme, avec un rire bestial et une sorte de confusion de sa personne, s'enfuit et disparaît parmi ses compagnes. La luxure animale a de ces explosions brutales et de ces hontes d'instinct.

Le 2 juin, la *Vire* arrive à Canala, sur la côte est. C'est le chef-lieu de l'arrondissement de ce nom. Le chef d'arrondissement est un officier d'infanterie de marine, comme à Bourail et à Uuaraï. L'hôtel qu'il occupe est un beau bâtiment à étage, avec véranda et balcon sur les quatre faces. Il y a une grande église et une école pour les enfants européens et indigènes, un médecin, un aumônier, un officier de troupes, un aide-commissaire de marine remplissant les fonctions d'officier de l'état civil, un garde-mines, un maître de port, un bureau de télégraphe et de poste, et une brigade de gendarmerie à cheval. C'est une ville ou ce qu'on peut appeler ainsi, avec un peu de pompe, en Nouvelle-Calédonie, avec des auberges où les voyageurs affluent. Cela vient de ce que tout le territoire de Canala et de ses environs n'est qu'une vaste mine de nickel. Le nickel, qui sera une des prospérités vraies de la Nouvelle-Calédonie, a eu malheureusement tous les mirages d'une richesse sans limites et a bouleversé d'argent et de déceptions la colonie entière. Ce n'aura été toutefois sans doute qu'une crise à traverser.

Dans l'ouest de Canala, tout auprès, il y a les tribus canaques du chef Caké et du chef Gélima. Le chef de guerre de Caké est Nondo. Nous retrouverons ces noms-là. C'est une population indigène de 2,000 habitants, d'un esprit alerte, d'une intelligence ouverte, d'une grande force physique. Elle voit notre civilisation, ne s'en étonne pas, sans la désirer, en prend volontiers les vices, garde toutefois sa ruse et sa férocité natives. Elle nous observe, nous subit, ne nous aime pas, nous hait plutôt.

Les Canaques ne nous demanderaient qu'une seule chose : c'est qu'on les laissât, tranquilles, vivre de leurs taros et de leurs ignames. On les force à travailler aux routes, ce qui leur est insupportable. L'appât même du gain ne les excite pas, si ce n'est pour acheter de l'eau-de-vie. Encore aiment-ils mieux l'obtenir par des supplications de mendiants ou la voler. Ils sont paresseux absolument et de tempérament. Ils ne seront que très difficilement, pour les Européens, des travailleurs auxiliaires de quelque valeur.

L'arrondissement a trois missions : Thio, Nakety, Wagap. Elles continuent leur œuvre, assez inutile. Les missionnaires, dans l'arrondissement surtout, n'ont que peu d'influence sur les Canaques. Comme ils se croient forcés de les violenter dans ce qui les touche le plus, les libertés amoureuses, ils ne leur apprennent guère, y compris le mariage catholique, que les formes extérieures et l'hypocrisie de la religion. Il est remarquable que le catholicisme, tel qu'on le pratique à leur égard, destitue les sauvages de leurs qualités viriles, les incline à l'obséquiosité servile. Les Canaques convertis saluent en Basiles et ont des

VUE DE CANALA.

allures de bedeaux et de sacristains. Les Canaques demeurés païens — selon le terme des missions — ont en mépris les Canaques catholiques. Ils les prétendent déchus de leur caractère et de leurs vertus de guerriers.

Ce qui est assez étrange, c'est que les missionnaires n'enseignent que peu ou point le français aux Canaques. En quelques endroits, ils ne paraissent point désirer qu'ils le sachent. En revanche, ils leur apprennent les prières et la messe en canaque et en latin. Cette aberration est logique. A Canala, ce sont des frères, assez mal d'ailleurs avec les missions, qui instruisent les enfants canaques. Les chefs sont contraints d'en envoyer à l'école, et ils en envoient un petit nombre, toujours inférieur à celui qu'on leur demande, — pour avoir la paix.

En dehors de Canala, il y a dans l'arrondissement deux cents colons environ, ou cent quatorze feux éparpillés dans la brousse. Chaque feu est une famille. Là encore, c'est l'individualisme qui s'affirme. Du côté de Houailou, plusieurs colons vivent avec des femmes canaques qu'ils ont obtenues ou qu'ils ont même enlevées. Beaucoup de femmes indiennes, courbées dans leurs tribus aux plus durs travaux, préfèrent quitter les indigènes et vivre avec des Français. Il naît de ce commerce une bonne race de métis, très intelligente et parlant également bien le français et le canaque. Cette race, qui inclinera toujours à la civilisation, doit, ce me semble, être bien accueillie et peut devenir un élément excellent de colonisation. Elle constituera une population mixte et utilisable, en même temps qu'elle nous permettra de laisser s'éteindre, sans la tourmenter, la population canaque pure, que nous ne poussons qu'à la révolte, en exigeant d'elle un travail qu'elle ne peut nous donner.

Tous ces efforts individuels commencent à prospérer. La canne à sucre, périodiquement dévorée par les sauterelles, a été abandonnée, mais la culture du tabac réussit parfaitement. Les caféiers ne sont détruits ni par les insectes ni par les sauterelles. Le manioc est également d'un bon rendement, et, quoique les pâturages soient maigres, les bœufs sont d'une belle venue. Le débouché des troupeaux est assuré à Nouméa. On ne travaille plus aux mines de nickel, mais cela ne provient que de sa dépréciation passagère.

Canala offre, dans un de ses habitants, M. Hanckar, le type de ces colons aventureux, dont les fortunes se font et se défont, mais qui restent alors debout sur la brèche pour reconstruire l'édifice qui tombe. Et, en effet, ils le relèvent. Le nickel l'a enrichi, puis ruiné.

Il attend l'heure de l'exploiter de nouveau et découvre des filons d'antimoine. Il tient une grande place dans l'arrondissement, moins encore par sa valeur intelligente que par son faste, sa dépense et son désir de popularité. Sa maison est une villa de Saint-Cloud transportée en Nouvelle-Calédonie. Sa terrasse à balustres de pierre domine la mer ; de merveilleux jardins s'étendent au-dessous. Les appartements sont meublés avec un luxe élégant, la table somptueusement servie ; les serviteurs canaques ont, à la mode de l'Inde, une tunique blanche serrée à la taille par une cordelière, des anneaux aux oreilles, des cercles d'or aux poignets et aux chevilles. Tout cela, dit-on, en ce coin perdu de l'Océanie, est d'une grande vanité, au sens philosophique du mot, ou d'un grand vaniteux. Mais ce vaniteux a ses audaces qui réussissent, et il se répand alors autour de lui autant en bienfaits qu'en prodigalités folles. Ce n'est pas un mal pour un pays, c'est une pluie d'or.

Nous continuons à remonter la côte. Les rencontres les plus étranges se font en Calédonie. A Wagap, il y a des trappistes. Ils sont venus là, dix, pour observer la règle de leur ordre et cultiver la terre. Le Père est à Nouméa, où il rend visite au gouverneur. Les trappistes occupent les terrains et les bâtiments de l'ancienne mission, qui leur ont été cédés par elle. Le regard s'étonne de ce laboureur en robe brune et en capuchon qui pèse sur le manche de la charrue. On n'en est encore qu'aux essais de culture. Dix hectares environ sont défrichés et semés de n'importe quoi. Les frères voudraient une étable. Il y a un bâtiment à côté d'eux, servant autrefois à loger les troupes du poste, qui tombe en ruines et qui leur conviendrait. Ils ont des bœufs qu'ils ont façonnés au joug, des vaches laitières et un taureau. Ils songeraient au café, au houblon pour une brasserie ; ils ne savent pas encore à quoi ils se décideront. En attendant, ils se plaignent de n'avoir ni assez de bras ni assez d'heures de travail. Il est vrai qu'ils s'obstinent à suivre la règle de leur ordre, qu'ils se lèvent à deux heures du matin et qu'ils psalmodient à genoux dans la chapelle jusqu'à six. C'est là ce qui les fatigue, m'a dit naïvement le frère qui remplace le supérieur absent. Aussi voudraient-ils obtenir du gouverneur une vingtaine de condamnés, — des bons. Ces bons condamnés, tout le monde en veut. Je lui ai insinué que le mieux serait peut-être de ne pas psalmodier autant, et qu'on ne saurait être à la fois trappiste de France et pionnier en Nouvelle-Calédonie, que d'ailleurs qui travaille prie et que déjà, en ce qui concernait certains détails de leur alimentation, ils avaient modifié leur règle inflexible. Cela ne les a pas convaincus du tout. Ils préféreraient de beaucoup les condamnés. Leur règle demeure immuable autant qu'elle le peut, mais se prête au travail des autres.

Après Wagap, c'est Yenghène. Une église catholique dans un bouquet de cocotiers au fond d'une petite rade, toute souriante, aux eaux bleues. A l'entrée de la rade, il y a deux sentinelles de granit. Celle de gauche s'appelle les tours Notre-Dame. C'est Notre-Dame de Paris en formes indécises et massives. A droite, sur un entablement de roches, c'est un sphinx énorme accroupi. L'éruption volcanique qui l'a projeté du sol, le hasard, les morsures du soleil, du vent et de la lame lui ont donné la face de Louis XVI. La Pérouse a dû le reconnaître et le saluer à son passage.

Plus loin, à Pouebo, à Tchambouène, à Oubatche, il semble que les souvenirs du passé doivent être un avertissement pour l'avenir. C'est à Pouebo, en 1867, que des gendarmes et une famille française furent massacrés par des Canaques de la tribu de Mouelébé. Le 6 novembre 1868, jour pour jour, heure pour heure il y eut un nouveau massacre de six soldats qui furent mangés. Un calvaire commémoratif domine le pays du haut d'un sommet. Dans l'ouest d'Oubatche, au pic Malézieux, seize soldats d'infanterie de marine résistèrent pendant quarante heures sans vivres et sans eau à douze cents Canaques qui les entouraient en brûlant les herbes jusqu'à eux. Aujourd'hui il n'y a plus de soldats, quelques colons seulement. On rencontre de loin en loin leurs habitations entourées de rizières peu étendues, mais bien irriguées et pouvant donner trois récoltes par an. Un de ces colons a trouvé dans un tronc d'arbre une huile qui brûle très bien. La noix de l'arbre, écrasée, donnerait une huile comestible ou médicinale. Il y a de beaux troupeaux. Là, comme partout ailleurs, prospère le travail individuel et libre.

La *Vire* continue à suivre la côte, qui n'a pas les méplats rouges et nus des autres abords de l'île. Les sources descendent des montagnes en cascades qui mugissent et qui forment, dans les amoncellements de roches détachées, de limpides bassins couronnés d'arbres toujours verts. Sur un long parcours, ces cascades d'écume blanche sillonnent les flancs abrupts des montagnes boisées et les égayent.

Le 9 juin, la *Vire* mouille à Pam. La rade de Pam est une des meilleures de la Nouvelle-Calédonie, et le port de Diabot est appelé à un bel avenir. Les rives du Diabot sont bordées de palétuviers, mais infestées de moustiques. On y trouve des huîtres excellentes, que les matelots détachent à la hâte. Après six heures de nage, la baleinière arrive au Caillou, qui est le port de Ouégo.

Ouégo est le centre des mines de cuivre. C'est un bourg aux flancs ou sur les crêtes d'un ravin, très vivant et animé. La grande industrie fait là ce qu'elle veut. L'aspect de la région des mines, tout alentour de Ouégo, est d'une originalité particulière. Tout y brille, au choc de la lumière, des feux pailletés du métal, les rochers dans la verdure, la terre du chemin, la limpidité des ruisseaux sur leur lit de cailloux. La pluie forme une boue argentée. Ainsi se révèle la richesse des métaux, à demi trompeuse, à demi réelle. L'exploitation la plus productive est celle des mines de cuivre. Ces galeries souterraines, ces puits profonds, ces masses éventrées, qui s'illuminent à la lueur des lampes de reflets d'un vert clair ou d'un rouge vif, se prolongent et se creusent des sept à huit cents tonneaux qui s'en extraient par mois.

Le possesseur, l'agitateur, je dirais presque le génie de ces mines est M. Higginson. Je puis l'esquisser, comme j'ai fait de M. Hanckar. On l'a vu, d'ailleurs, et on le connaît à Paris. C'est un petit homme, d'une pétulance extrême, avec du vif-argent dans les veines. D'un esprit prompt, d'une intelligence rapide qui excelle aux entreprises commerciales et aux découvertes de l'industrie, qui peut-être en sa recherche prime-sautière de l'aventureux et de l'inconnu va trop vite de l'un à l'autre, impétueux à commencer sans avoir fini, il a sur les bras toutes les affaires, tous les procès de la Nouvelle-Calédonie. Mais il se meut ou plutôt se démène à l'aise en ces soucis, en ce mirage de conceptions et d'argent. Il ne hait personne, indemnise parfois ceux dont il triomphe, renoue avec eux, les lance et s'élance à des buts nouveaux. C'est là du reste un des traits du haut commerce et de la haute industrie dans la colonie. Parmi ces gens hardis qui traversent sans se décourager la fortune et la ruine, il y a une camaraderie qui, par un retour d'âme sur eux-mêmes, s'impose à tous. Ils ne piétinent pas l'adversaire à terre, ils le relèvent. Ils pratiquent, sans qu'ils le sachent, le vers du poète — *haud ignara mali*. — Higginson, qui était un Anglais, a reçu, en 1876, ses lettres de grande naturalisation. Il a voulu être Français dans sa colonie française d'adoption, qui, elle aussi, l'a adopté. Tout le monde l'y connaît. Il est à la fois agressif et débonnaire, loyal et retors. Il a ses détracteurs hésitants et ses enthousiastes passionnés. On le voit de loin et partout. Il est le seul qui ait ces allures saccadées, ce regard tout en dehors, ce sourire malicieux, cette redingote serrée à la taille, ce chapeau gris, cette badine à la main. C'est Mirès, le Mirès de ses beaux jours, — à Nouméa.

Quand la *Vire* quitte Pam, c'est pour son exploration dans le nord de l'île. La sensation de l'inconnu recommence. C'est d'abord le courant rapide et fluide dans les cheneaux de Balabio et de Devarenne, entre des murs de corail à pic. Dans la brune du matin ou par les calmes morts du grand soleil, on ne peut suivre que de l'œil, à courte distance, le léger ruban du flot sur les bords. Ce n'est plus qu'une nappe d'eau perfide, vaporeuse ou miroitante. Les balises elles-mêmes, placées sur l'une et l'autre rive, se chevauchent et s'entrecroisent. Elles deviennent de dangereux amers. Je les voudrais d'un seul côté, comme une ligne de jalons qu'on suivrait, sans erreur possible. Après avoir dépassé les îles Belep, la ligne de corail qui enserre la Nouvelle-Calédonie étend parallèlement l'un à l'autre ses deux bras, dans un espace inexploré, que l'on navigue. Du haut de la mâture, Leleizour surveille les taches grises. Ce sont les bancs de corail qui montent à fleur d'eau. Leleizour et Fabre sont les deux premiers pilotes de la colonie, de grands marins obscurs. On arrive enfin à la première des îles de guano, à Surprise. Il y a en tout sept hommes su l'île. Quatre Canaques des Nouvelles-Hébrides, un Malabar et deux blancs. Il y a trois cases en bois avec le pavillon français au-dessus. L'exploitation a commencé il y a deux mois (avril 1878). Le terrain se défriche, et le guano a une épaisseur de trois à quatre pieds. A quatre pieds, c'est le roc. Un navire attend son chargement au mouillage Leleizour, par quarante mètres de fond. La houle le balance, et les courants de foudre des hautes marées le font courir et le tendent sur la chaîne. A l'île Leleizour, plus au nord, l'exploitation s'accroît. Il y a cinq cases, un wharf, trente Canaques et six Européens. On a déjà enlevé de l'île 850 tonneaux.

A l'île Huon, la plus au nord, rien. La violence du vent n'y permet pas l'agglomération et par suite l'exploitation du guano. Cette île, que l'homme, pour ainsi dire, n'a jamais visitée, car la *Vire* n'est encore que le troisième bâtiment qui l'aborde, cette île est l'étrangeté de ces solitudes. Un lagon de deux milles de diamètre s'élève du fond et n'a d'accès que par une passe étroite. Au dehors de sa muraille sont l'immensité et les hasards de l'Océan, au dedans les eaux cal-

mes d'un lac. L'île Huon, d'un demi-mille à peine de
diamètre, tangente par un point à la bande intérieure
du lagon, y est soudée. Elle est elle-même un lagon
plein, une couronne de corail émergeant dans la mer.
La brise lui a porté, des îles voisines à son centre, une
végétation d'arbustes bas, maigres, rabougris et verts,
brûlés du soleil, mais retrempés des rosées du matin
et des émanations salines. Puis vient en bordure à
cette végétation un sable fin, très doux et, au delà du
sable, sur quelques mètres de large, le corail à pic,
nu, déchiré d'arêtes. Or, sur les arbustes bas, sont en
grand nombre de grands oiseaux couvant leurs nids.
Ce sont les frégates à la tête fine, au plumage d'un
noir bleu, au tablier blanc sur la poitrine. Et d'autres
aussi, hauts de deux pieds, tout blancs de corps, avec
un collier bleu et un long bec rose; et ceux-là alternent avec d'autres encore qui ont également le corps
blanc, mais un collier rose ou noir et le bec bleu. Ils
ont l'œil rond et sur la tête de petites plumes qui se
dressent. Ils participent d'un perroquet géant et de
l'albatros. Je me suis bien gardé de demander leurs
noms. La vue de l'homme les étonne, ne les effarouche
point. Ils se penchent en avant, le regardent. Si du
bout de la canne, irrévérencieusement, on leur touche
le bec, il poussent un cri rauque en secouant la tête.

hérissent leur aigrette, soulèvent leurs ailes. Si l'on insiste, ils s'indignent et s'enlèvent, jusqu'au buisson voisin, de la large et pesante envergure de leurs ailes, à laquelle il faut pour planer les premiers battements et l'espace libre. Sur le sable, ce sont d'autres oiseaux, mais par myriades, pareils à des hirondelles de mer. Ils s'envolent, obscurcissent l'air. Mais ils ont laissé leurs petits, tout de duvet, pelotonnés dans le sable. Ils reviennent à grands cris, en troupes sur l'homme. De larges plaques d'écailles qui marchent. Ce sont des tortues. Elles ont trois pieds de long sur deux de large. Puis, dans les anfractuosités du corail, des langoustes sans nombre. En cinq minutes, les matelots en prennent quatorze. Ce sera le plat de haut goût, à l'américaine. Quant à une tortue qu'on emporte, elle fera trois repas de soupe et de bœuf.

Cependant il est six heures. D'autres bandes ailées reviennent de la pêche, regagnent le gîte. La nuit tombe tout d'un coup sur l'île des Oiseaux. Le silence se fait, qu'interrompt seulement le bruit de la mer sur le récif. La sensation de l'inconnu grandit, trouble de mélancolie et d'un effroi secret l'âme du visiteur. Il se sent isolé dans cette tristesse impassible des choses. Cette terre où il s'est hasardé ne l'accueille pas, le rudoie, lui serait hostile et sans aide. Il se reconnaît petit parmi ces êtres endormis. Qu'il trébuche et tombe meurtri à une fissure du corail, et les oiseaux se réveillant accourront et le déchiqueteront de leur bec ; les tortues, de leur langue pointue et râpeuse, suceront son sang, et les crabes, le tenaillant de leurs pinces, fouilleront sa chair. En quelques jours, il ne sera plus, à ce bout du monde, qu'un squelette nettoyé et blanchi.

Le surlendemain, 18 juin, la *Vire* redescend la côte ouest et, le 20, s'arrête à Gomen. La Compagnie foncière de la Calédonie y a tenté une colonie agricole pour l'émigration. Cela n'a pas réussi. Les difficultés et les illusions ont amené l'insuccès. Là où l'activité individuelle de l'homme s'exerce seule avec plaisir, on ne fait rien par une direction et par des plans préconçus. En naviguant toujours entre le récif et la terre, on passe auprès du plateau des Massacres. En ces courants qui tournoient, sur ces écueils qui se dérobent à la vue, deux bâtiments, la *Reine des îles* et le *Secret*, se sont perdus en 1865. On n'a pu venger les équipages massacrés qu'en incendiant des villages. Les sauvages s'étaient enfuis. Le dimanche 23 juin, nous mouillons au Gouaro, qui est la rade de Bourail. On remonte à Bourail par la rivière la Néra, quand le flot a grossi ses eaux. On peut prendre aussi la route de terre qui, sur un parcours de treize kilomètres, suit la rivière. A mi-chemin est le village canaque de Néra. Des cases en paille et des pirogues. Les enfants nus, les femmes, avec des ceintures de longues herbes vertes, se baignent sous de grands ombrages. Le soir, par les nuits de lune, on redescend la Néra en baleinière. L'embarcation glisse sur une eau d'une limpidité de miroir, où se reflètent les rives et les îles. Il semble que les épais massifs de verdure, rapprochés par l'ombre, se posent soudain devant la proue, lui ferment le chemin. Ils sont loin encore. La lune argente leurs cimes et leur feuillage, y fait par endroits des trouées lumineuses et vagues. Le paysage, en ces nuits d'une clarté lactée, a sa poésie rêveuse, est d'un grand charme de sérénité douce. Toutefois, à l'entrée en rade, est la barre de la Néra. Quand elle est mauvaise, on voit se dresser dans la nuit, hautes et blanches, et se succéder en grondant, ses trois lames en volutes. Il faut que, de son avant, l'embarcation les prenne très droit. Elle s'arrête au choc de chacune d'elles, la divise, descend dans le creux qui la suit, marche à celle d'après. Au bout de la troisième, elle entre en eau profonde. Si le canot vient du large, les trois lames l'enlèvent sur leur dos et le transportent, aussi rapides que des flèches, dans l'eau tranquille de la Néra. Le lendemain de notre arrivée, le youyou du bord a chaviré sur la barre, sans perte d'hommes.

Bourail est chef-lieu d'arrondissement et grand établissement pénitentiaire. On y compte 500 condamnés et 200 libérés. C'est la résidence d'un chef d'arrondissement officier d'infanterie de marine, d'un commandant de troupes, d'un médecin, d'un commissaire de la marine faisant les fonctions d'officier de l'état civil. Il y a une école, une bibliothèque, un bureau de télégraphe et de poste, des casernes, une église, une prison cellulaire, un hôtel, des ateliers de construction, de nombreuses rues bordées de maisons couvertes en paille. Bourail est la preuve de ce que peut faire avec de grandes ressources la volonté administrative. C'est sous la main de fer de l'administration pénitentiaire, disons plus équitablement sous sa main de force et de justice, que tout s'est créé à Bourail. Tout, même la famille. Il y a en effet — et c'est le plus bel édifice — un couvent qu'habitent, au nombre de quarante, des femmes condamnées venues de France et que dirigent les religieuses de Saint-Joseph de Cluny. C'est là que sont autorisés à frapper, pour y prendre femme, les condamnés et les libérés auxquels on donne des concessions de terre. Le futur mari voit les femmes à la messe. Il en désigne une qui lui plaît. Celle-ci est prévenue ; l'entrevue a lieu. « Qu'avez-vous fait? dit l'un. — Et vous? » répond l'autre. Les deux fautes, les deux crimes sont en présence, s'interrogent, s'évaluent, s'arrangent à l'amiable pour une vie commune meilleure et d'espérance. Infamie pour infamie, pardon pour pardon. Si le couvent fournit les femmes, une ferme pénitentiaire a fourni les maris. Cette ferme est alimentée, comme main-d'œuvre, par des condamnés aspirants concessionnaires, destinés à aider les concessionnaires établis dans leurs cultures. Dès qu'ils sont suffisamment instruits et qu'ils ont pris femme, ils deviennent concessionnaires eux-mêmes. La vallée de Bourail est magnifique et la plus fertile de tout le pays. C'est là que les concessions se découpent, bien tenues, que les maisons s'espacent à intervalles égaux, uniformément construites, en bonne apparence. Le sol se défriche et se creuse à la charrue. Au soleil du matin, on voit les laboureurs à la besogne et les ménagères au seuil ou alentour du logis dans la basse-cour ou le jardin. La canne à sucre, le maïs, les haricots, le café, le tabac, offrent à l'œil les cases diversement colorées d'un échiquier de verdure. Les troupeaux paissent dans les terrains vagues. Cela est animé, plein de rumeurs et prospère. Et cepen-

UNE LONGUE COLONNE D'HOMMES...

dant, à descendre dans la vérité, cette prospérité n'est qu'artificielle, tout cela ne vit qu'à la surface. Ces paysans improvisés ne se suffisent point à eux-mêmes, subsistent pour la plupart, et longtemps après les délais fixés, des rations que l'administration leur donne. Ils ne sont à l'aise ni dans leurs cultures ni dans leur existence. Le travail ne s'épanouit pas pour eux dans sa liberté, dans sa plaisance. Il faut qu'ils sèment et cultivent ceci et non cela. La canne leur a été imposée, bien qu'inévitablement dévorée par les sauterelles, parce qu'il fallait un aliment à l'usine à sucre. On y a renoncé. Tous ces gens-là se hâtent et se heurtent, en des espérances précaires, à un labeur demi-ingrat, demi-forcé, n'ont point le libre arbitre du bien-faire. Ils sont encore trop près de l'administration, qui les réglemente en tout. Le surveillant les surveille, le directeur les dirige, l'agent des cultures les régente de ses conseils, qui sont des ordres. Ils sont aussi trop près les uns des autres. Ces 212 ménages, ces 230 enfants habitent une ferme modèle qui, sous son prisme trompeur et riant, sent encore son bagne. Les criminels, en cours sincère de réhabilitation, aiment à se fuir, non à voisiner. Ils ne se constituent en société qu'après s'être retrempés dans une solitude libre et dans l'oubli d'eux-mêmes et des autres. Je crois que la ferme pénitentiaire est une excellente école pour les aspirants concessionnaires; mais je voudrais que ceux-ci quand on leur donne une concession et une femme pussent s'établir, pour ainsi dire, hors de la vue les uns des autres, non point sans surveillance, puisqu'ils ont encore un temps de peine à subir, mais dans un isolement relatif et avec une initiative propre qui leur fissent leur famille et leur travail tout personnels. Il en résulterait peut-être une production plus active et une moralisation plus prompte.

VI

L'INSURRECTION ÉCLATE.
— LES MASSACRES. — LES DÉPORTÉS ARMÉS. —
LA PREMIÈRE NUIT.

Le mardi 25 juin 1878, vers midi, la *Vire* entrait par un calme blanc dans la passe d'Uaraï. La mer avait la lourdeur immobile de l'huile. Les récifs ne s'y voyaient pas, s'y devinaient à peine. Le soleil était éblouissant. A midi, nous mouillons à l'îlot Teremba. Il est à gauche de la rade en entrant. A droite est la presqu'île le Bris. Au fond, devant soi, à trois milles environ, car l'eau peu profonde ne permet pas aux grands navires de l'approcher, on aperçoit l'établissement d'Uaraï, la belle maison en bois du chef d'arrondissement, l'église et divers magasins et baraquements. Ce groupe s'appelle aussi Teremba. Sur sa droite, quand on lui fait face, est l'embouchure de la rivière de la Foa. Le poste des gendarmes de la Foa est à huit milles environ de l'entrée de la rivière, en la remontant. La plus grande partie de la rade est de terre rouge et dénudée, mais l'île le Bris est boisée, et les perspectives de la Foa sont d'une végétation touffue et luxuriante. Dans le lointain, au nord ou s'étendant vers l'est, sont des montagnes ou de hautes collines chauves.

Dès notre arrivée, un surveillant qui se trouvait là avec un chaland me remettait un billet du chef d'arrondissement. Des gendarmes de la Foa avaient été assassinés le matin même par des Canaques, et M. le lieutenant d'infanterie de marine Vanauld, après avoir envoyé à la Foa son sous-lieutenant, Le Vaillant de Vaux-Martin et quelques soldats, partait lui-même avec un détachement pour se rendre compte de ce qui se passait. M. Vanauld me demandait de faire descendre, comme mesure de précaution, quelques matelots à Teremba. J'appelai mon second, le lieute-

nant de vaisseau Daniel, et je lui montrai le billet. —
Les gendarmes de la Foa assassinés par les Canaques,
me dit-il, c'est bizarre. — Oui, lui répondis-je; mais
faites armer une dizaine d'hommes, et, dès qu'ils auront
dîné, je les emmènerai avec moi à terre.

L'équipage en effet, à midi, venait de commencer
son repas. Je déjeunais moi-même, quand l'agent des
vivres de Téremba, Maillet, vint à son tour dans une
baleinière armée, comme à l'habitude, du caporal canaque
François et de cinq Canaques. Il accourut vers
moi tout agité, me prévenant que Teremba était attaqué
par plusieurs centaines de Canaques et qu'il y
avait urgence à lui porter secours. Teremba n'avait
que trente hommes de garnison, et vingt étaient dehors.
Je fis armer aussitôt la compagnie de débarquement
de la *Vire*. Elle était de trente-deux marins
et l'enseigne de vaisseau Le Golleur la commandait.
En même temps on tira un coup de canon. Il
annonçait notre présence et pouvait effrayer les Canaques.
Dix minutes après, nous étions en route avec
le grand canot et la baleinière. La baleinière de Teremba
se conservait entre les deux. Il me semblait
que les rameurs canaques et François surtout avaient
une attitude mauvaise et embarrassée. En revanche,
le distributeur Maillet répondait d'eux. D'ailleurs,

chose assez étrange, les Français qui avaient souvent des Canaques à leur service n'ont jamais douté d'eux, jusqu'à ce qu'ils en aient reçu un coup de hache.

Quoique nous approchassions de terre, nous n'entendions aucun bruit. En débarquant au môle nous ne trouvâmes à se promener là qu'un soldat, qui fumait une cigarette.

— Eh bien, lui dis-je, et les Canaques?

— Ah! ils sont partis. On leur a tiré quelques coups de fusil.

— C'était bien la peine de nous déranger.

Mais, un peu plus loin, je rencontrai le lieutenant Vanauld, qui précisément venait à ma rencontre. Il avait avec lui ses seize soldats. Ainsi qu'il m'en avait prévenu, il s'était mis en marche pour aller aux nouvelles, avait appris qu'on attaquait Teremba et avait aussitôt rebroussé chemin. Il n'avait plus trouvé les Canaques. Toutefois, dans sa pointe vers la Fonwari, il avait su de gens qui s'enfuyaient, affolés de terreur ou blessés, que les assassinats sur les colons se pratiquaient et se multipliaient par tout l'arrondissement. Huit de ses soldats étaient très fatigués. Il me demanda, pour les remplacer, huit de mes marins que je lui donnai, et il repartit aussitôt pour la Foa, où la situation de M. de Vaux-Martin pouvait être critique.

L'insurrection était commencée.

Nous montâmes du débarcadère à Teremba. C'est sur un plateau qu'il se trouve. Tout y était calme et à peu près désert. La briqueterie, en contre-bas et au delà du plateau, brûlait. Les Canaques l'avaient incendiée. De la maison d'arrondissement on découvre une vaste étendue de terrain. Cette maison en bois, à laquelle on arrive par un perron de dix marches, est grande et très bien distribuée. C'est un rectangle long qui n'a qu'un rez-de-chaussée. Dès la porte d'entrée, au-dessus du perron, le hall à la mode anglaise. Du hall on passe dans la salle à manger, qui ouvre par une porte-fenêtre sur l'autre face. Il y a là un perron semblable au premier. Cette seconde face donne sur la campagne, l'autre sur la mer. A la droite du hall sont des appartements réservés au gouverneur. A gauche du hall, une chambre pour le directeur de l'administration pénitentiaire. Au delà, mitoyennement, le bureau du chef d'arrondissement et sa chambre. De plain-pied avec les deux faces longues, une véranda de deux mètres de large avec une balustrade à hauteur d'appui. Les deux faces courtes n'ont point de véranda : l'une a, en équerre avec elle, une citerne plate en maçonnerie ; l'autre, un mur droit. Au-dessous du rez-de-chaussée, des caves avec des ouvertures rondes grillagées au ras du sol. En somme, c'est une élégante et jolie maison de campagne que son exhaussement rend facile à défendre.

De la maison, en la prenant pour point central, on voit à gauche, à huit cents mètres, les baraquements du bagne, qui sont des murs en torchis avec des toits de paille, la prison, qui est en pierre et massive, la caserne, à trois cents mètres environ, en briques et à grandes fenêtres vitrées, à châssis. En obliquant un peu vers la droite, le village, son église et ses quelques maisons. Devant le village et s'enfonçant dans le paysage à travers les niaoulis, la route empierrée qui mène au pénitencier agricole de la Fonwari et à la Foa.

En embranchement sur cette route, à deux kilomètres de Teremba et sur la gauche, on aperçoit la route de Moindou. Moindou est un village agricole à six kilomètres dans les terres, non loin de la mer, où se jette la rivière qui l'arrose. Il a été concédé à des colons libres et à des déportés. Au delà de Moindou, les villages canaques du grand et du petit Moindou, des Moméa et des Scindié. A partir de Moindou, la route se continue pendant trente-quatre kilomètres, demi-chemin, demi-sentier, jusqu'à Bourail. De la véranda extérieure, on a la rade devant soi et, sur la gauche, des marais à niaoulis et à palétuviers qui se prolongent à droite de la route jusqu'à la Fonwari.

Tout ce vaste horizon que j'ai reculé en imagination au delà de ses limites est en ce moment-ci calme et désert. Les Canaques ont dû se porter ailleurs. Il n'y a ni un bruit, ni un homme. Cela change bientôt. Une longue colonne d'hommes en chapeau de paille et en toile grise avec des instruments de travail qui sont devenus des armes improvisées, des faux, des pioches, des limes et des couteaux disposés au bout de bâtons et simulant des piques, des sabres d'abatis, puis deux chariots attelés de bœufs, un break, des surveillants en uniforme bleu à galons d'argent, à pied ou à cheval, apparaissent sur la route de la Fonwari. Ils vont lentement, sans doute retardés par les bœufs, dans la poussière qu'ils soulèvent. Tout cela gravit la pente qui, de la route, monte au plateau. C'est le pénitencier agricole qui, sur l'ordre du lieutenant Vanauld, vient d'évacuer la Fonwari. Le directeur, M. Hayes, me l'apprend et m'apprend aussi que les assassinats et les incendies, par les Canaques, continuent dans la brousse. Les chariots en font preuve. L'un est chargé de blessés, l'autre de seize morts. La plupart des blessés sont évanouis, les autres gémissent ou délirent. Les blessures, presque toutes au crâne ou à la nuque, sont de profondes entailles de coups de hache ou de bec d'oiseau. Tous ces gens-là ont été frappés par derrière, au moment où ils ne s'y attendaient pas, par des Canaques qu'ils connaissaient. Avec les morts, les sauvages se sont exaltés et divertis à des raffinements de cruauté ou de luxure. Des membres manquent, séparés du tronc par la hache. Ailleurs, il y a des ablations par le couteau ou même par les dents, ou des obstructions monstrueuses et dérisoires par des tampons de bois. Je confie les blessés au médecin du poste, M. Duliscouet, et à Guezennec, le médecin de la *Vire*, qui est venu avec moi. Les condamnés de la Fonwari vont se loger aux baraques de leurs camarades de Teremba. Restent les morts. Ils sont embarrassants. Bien que les cadavres soient récents, ils sentent déjà mauvais. Il n'y a sur le sol qu'une faible couche d'humus. Il faudrait creuser dans le roc, pour une fosse commune, sur plusieurs mètres d'étendue et à deux mètres de profondeur. Ce serait trop long et, à l'heure qu'il est, par l'épouvante qui plane déjà dans l'air, une besogne inopportune et dangereuse. Je fais seulement constater l'identité. Puis les corps sont descendus sur le quai et embarqués dans un chaland. Le chaland les mène en rade et les jette à la mer avec une pierre aux pieds. Les requins feront le reste. Un seul de ces corps, dont la pierre s'était détachée, a reparu sur l'eau et est venu s'échouer au bord. C'est celui d'une jeune fille. On l'a enterrée là, parmi le corail et les algues, et il y a une croix de bois sur son tombeau.

Vers quatre heures, il y a un incident. On me prévient que le caporal canaque François s'est sauvé dans la brousse, du côté des marais. Il est allé à la petite darse, où sont les embarcations, a mis en ordre quelques objets de sa baleinière, a fait ensuite quelques pas avec tranquillité et tout d'un coup s'est lancé à toute vitesse vers les palétuviers. Ses cinq camarades sont demeurés, soit qu'ils n'aient osé l'imiter, soit qu'en restant ils aient quelque dessein. D'ailleurs, s'ils ne sont pas des ennemis, ils n'ont déjà plus l'air de serviteurs. Ils se tiennent sur le plateau, en rond, accroupis sur leurs talons. Je vais leur parler et je leur demande pourquoi François est parti. Ils simulent l'ignorance, une ignorance voulue, sans répondre un mot, avec un visage qui s'est fait naïf et stupide. On les met en prison.

A cinq heures, une autre colonne apparaît sur la route à l'embranchement de Moindou. Mais elle est plus épaisse et plus mouvementée que la première, avec des femmes et des enfants. Elle a aussi une multitude d'objets avec elle, des lits, des matelas et des malles. Il s'y mêle des attelages de bœufs et des chevaux avec des bâts. Des chiens l'accompagnent sur les flancs. C'est le cercle agricole. Entouré de villages canaques, et sans armes, il se réfugie à Teremba. M. de Laubarède, son directeur, ayant auprès de lui sa femme et ses enfants, marche en tête ; il me dit les raisons qui l'amènent. Pendant qu'il parle, tout ce monde s'arrête, fait halte, dépose ses fardeaux et attend. Quelques hommes, cependant, ont des fusils, mais vieux, à piston et même à silex, avec de minces canons, à peu près hors de service. Ces armes de chasse appartenaient aux colons libres. On les a toutefois mises aux mains des déportés plus valides en général que les colons. « Je les leur ai données, me dit M. de Laubarède. — Et vous avez bien fait. — Et si on nous les laissait, dit un déporté, nous en ferions un bon usage. » Ses camarades s'étaient rapprochés avec une attente inquiète et généreuse de ce que j'allais répondre. « Je ne demande pas mieux. Vous allez vous réunir et nommer tout de suite à l'élection un capitaine, un lieutenant et un distributeur de vivres. Combien êtes-vous ? »

Ils se comptèrent. « Trente-six. — Et combien avez-vous de femmes et d'enfants ? — Neuf en tout.

— Eh! bien, étant armés, vous avez droit à la ration de campagne, vin compris. Seulement, comme vos femmes et vos enfants n'ont que les vivres de colon sans vin et qu'il est bon de les allaiter, au lieu de trente-six rations de vin, vous, hommes armés, vous en aurez quarante-cinq. Allez et faites vite. »

Au bout d'un quart d'heure, ce corps de francs-tireurs, avec son capitaine, son lieutenant et son distributeur, était organisé. Il était alors près de cinq heures et demie, et la nuit venait. Il fallait, tant bien que mal, organiser un plan de défense. A la guerre, au début surtout, on suppose toujours à l'ennemi les intentions d'audace ou de ruse qu'on aurait soi-même. Cette révolte soudaine, si secrètement ourdie que personne ne s'en était douté, ce large assassinat prompt et simultané de cent personnes, — c'est à ce nombre qu'on évaluait déjà les victimes, — ces bandes qui couraient la brousse et qui s'étaient présentées, à plusieurs centaines d'hommes, devant Teremba, pouvaient faire croire pour la nuit ou pour l'aube à une redoutable entreprise. Tout l'eût favorisée : les approches du poste et ses moindres sentiers connus des Canaques, le petit nombre des défenseurs sur un vaste espace, l'affolement de cette population qui avait fui devant le meurtre et que l'épouvante du meurtre poursuivait, la nuit elle-même qui s'annonçait pleine d'obscurité et d'orage. Il tombait de grosses gouttes de pluie, le ciel était gris et bas, et de rapides éclairs entr'ouvraient la nue. Voici ce qu'on fit.

En dehors des factionnaires aux abords du camp, on mit ce qui restait de soldats, une dizaine en tout et dix marins, dans la caserne. Elle abritait la presque totalité des réfugiés de Moindou et se défendait aisément en tirant par ses fenêtres. Beaucoup de femmes, mais seules, avaient été renfermées dans la prison, cette construction massive étant à l'abri de tout péril. Les trente-six déportés occupaient le front de bandière du plateau du côté de la Fonwari. Ils avaient une maison qui leur servait de corps de garde. Les vingt derniers marins disponibles se répartissaient entre les deux vérandas de l'arrondissement. Les baraquements des transportés, les plus éloignés, étaient aussi les plus exposés. Leurs toits de chaume pouvaient prendre feu aux lances incendiaires des Canaques. Mais les condamnés s'étaient armés de piques et de sabres d'abatis et veillaient.

De plus, assez ingénieusement, au delà des baraques on avait semé de verres coupés et de culs de bouteille des plates-bandes de plusieurs mètres. Même en les soupçonnant, les sauvages n'eussent pu prendre leur élan par-dessus, s'y fussent planté les pieds, auraient poussé des hurlements de douleur. En principe, chacun devait se défendre sur ses positions. Si l'on y était forcé, on se repliait sur l'arrondissement qui devenait le point central de la résistance.

A sept heures, on dîna, car on dîne toujours quand on le peut. Le repas était servi dans la salle à manger, pour de nombreux convives. Il y avait les directeurs de la Fonwari et de Moindou et leurs familles, les médecins du poste et de la *Vire*. Le Golleur et ses deux seconds maîtres, l'aumônier, le télégraphiste, le commissaire de Teremba, les surveillants chefs, d'autres encore. On fit main-basse sur les volailles, les conserves et les vins de Vanauld, le chef d'arrondissement. On parla des choses épouvantables du jour; on mangeait aussi avec appétit. L'émotion, qui a ses répits, a faim. Au dessert, vers neuf heures, l'orage se déchaîna. La pluie tomba par torrents. Les éclairs trouèrent de bandes de feu l'obscurité de la nuit, la faisant ensuite, en leurs intervalles, plus profondément noire. Je sortis à ce moment-là pour faire ma ronde.

Tout le monde était à son poste. A la caserne, mal

éclairée, la foule des femmes et des enfants se taisait, plongée dans la stupeur. Les soldats et les marins se tenaient aux fenêtres, le fusil à la main. A la prison, par la porte à barreaux de fer, je hélai les femmes. Cette prison est assurément le plus beau monument de Teremba. Sur un couloir dallé, de trois mètres de large et de vingt de long, s'ouvrent les cellules. Les portes de ces cellules, d'un bois épais, reluisent sous le vernis. Les serrures énormes, astiquées à l'émeri, sont coquettes. Les compartiments étaient ouverts, et sur leurs lits de camp avaient des matelas. Mais les femmes avaient peur et, timidement, me demandèrent leurs maris. Pourquoi pas? Le difficile était de les trouver, car on avait surtout réuni là des femmes de condamnés concessionnaires, absents ou disparus. Cependant lorsque le surveillant qui m'accompagnait alla, de ma part, chercher ces maris à la caserne, vingt se présentèrent. Ils étaient sans doute revenus.

Je passai aux francs-tireurs. Ils s'étaient abrités sous un auvent et se chauffaient à un petit feu de bivouac. A la lueur du feu, on voyait leurs deux sentinelles se promener. Jamais les déportés n'ont fait de grands frais de costume à la Nouvelle-Calédonie. Tels ils sont arrivés, tels, à peu près, ils en sont partis.

ILS AVAIENT DU ÊTRE AINSI AUX JOURNÉES NÉFASTES.

Des deux sentinelles, l'une avait un bonnet rouge, l'autre un képi. Ces deux hommes avaient l'œil vif, la barbe longue qui obliquait au vent, la poitrine nue sous la chemise entr'ouverte. Ils s'arrêtaient, prêtaient l'oreille au moindre bruit, sondaient du regard les ténèbres, se remettaient en marche. Il avaient dû être ainsi aux journées néfastes. Peut-être, en cette inquiète et lente faction, se souvenaient-ils des horreurs de la guerre civile. Mais aujourd'hui, sans tristes haines au cœur, ils n'avaient un fusil dans les mains que pour défendre cette terre lointaine où leur destinée les avait jetés. Bien qu'elle leur fût un sol d'exil, pour eux, à cette heure, elle était la France.

A l'arrondissement, le *pass wine*, à la mode anglaise, avait succédé au repas. Les femmes s'étaient retirées, les hommes buvaient et causaient. Cependant les colloques languissaient. La fatigue du jour se faisait sentir. On sommeillait sur ses chaises. On y était bercé par le bruit continu du dehors, par les bourrasques du vent, par le sifflement de la pluie, par les coups de fusil que les sentinelles tiraient de temps à autre, en guise de garde à vous, car leurs voix, en cette tempête, n'eussent point eu d'écho de l'une à l'autre.

Cette nuit se passa sans encombre. L'orage se dissipa ; un soleil éclatant, le soleil ordinaire, revint avec le jour. A huit heures du matin, le 26 juin, le lieutenant Vanauld, avec sa petite troupe de seize hommes, rentrait à Teremba. Mes huit matelots étaient écrasés de fatigue, mais tout joyeux de cette bonne aubaine. Je les revis avec plaisir, j'avais eu quelque inquiétude pour eux. Vanauld avait rallié le sous-lieutenant de Vaux-Martin. Tous deux avaient passé la nuit à la Fonwari. La veille, Vaux-Martin s'était admirablement conduit. Il n'avait que six soldats. Il en laissait deux, avec quelques colons capables de se défendre, à la maison de madame X.., au delà de Fonwari, et poussait avec les quatre autres jusqu'à la Foa, en plein pays d'insurrection. Là il recueillait des colons épars, en fuite déjà, ou qui ne savaient rien de la révolte, et le soir venu, après des courses incessantes, en réunissait et par cela même en sauvait quatre-vingts. Vaux-Martin, à vingt-sept ans, avec sa moustache blonde, est un de ces jeunes officiers impétueux, ardents, presque indisciplinés, tant ils sont amoureux fous de l'initiative et de l'action. On doit les surveiller dans les circonstances ordinaires, car ils les compromettent. Il ne faut les envoyer, en les livrant à eux-mêmes, qu'aux périls extrêmes. Ils en sortent.

Vanauld est un officier instruit et circonspect, prudent et résolu. Il est le strict observateur du règlement et des ordres qu'il reçoit. Nul mieux que lui ne serait à sa place dans ce poste de Teremba, où il faut établir, parmi les contingents divers, la discipline et la régularité. Il est le représentant sévère, absolu, mais toujours juste, de l'autorité à laquelle on doit obéir. Cela le fait un peu raide, lui a nui peut-être. J'esquisse volontiers les compagnons de ma campagne. J'avais intérêt à les connaître, à les juger tout de suite par leurs bons côtés. Vanauld me propose d'entourer tout le camp d'une palissade, et j'accepte. On jette immédiatement à l'œuvre les soldats, les marins, les déportés, les colons et les condamnés. Les niaoulis et les bancouliers tombent de toutes parts sous la hache. Les fossés qui les recevront se creusent. En quelques heures, la palissade est déjà debout sur un certain espace.

A trois heures de l'après-midi, le colonel Galli arrive sur la *Seudre*. Il amène avec lui la 5ᵉ compagnie d'infanterie de marine, que commande le capitaine Boulle. Nous allons le recevoir au débarcadère. Le colonel a sa vivacité habituelle, mais un peu nerveuse, surexcitée, presque brusque. Il marche vite, ne croit pas à cette insurrection. En tout cas, il en aura raison promptement. Elle l'ennuie, l'irrite et le dérange.

C'est le mois prochain qu'il devait retourner en France, elle va peut-être le retenir ici. Il voit la palissade commencée, hausse les épaules. « Est-ce que vous avez peur des Canaques? » me dit-il : Je lui réponds tranquillement. « Mais oui, mon colonel. » Ma réponse l'étonne un peu. Il est trop bienveillant pour s'en fâcher. Il me demande où l'on en est ici. Je le lui dis. A Nouméa, il y a un grand émoi. On a organisé des gardes nationales, on fait des rondes, et la ville se garde comme une forteresse. Cependant, d'après les nouvelles qu'on a reçues, par le télégraphe, de tous les points de l'île, l'insurrection n'a encore éclaté que dans l'arrondissement d'Uaraï. Les tribus du nord ne semblent se douter de rien. Bourail ne bouge pas. A Bouloupari, l'attitude est mauvaise. A Canala, les tribus, très intelligentes, se tiennent sur une grande réserve. Elles savent ce qui se passe, sont hésitantes. En somme, il en est partout, de ces tribus encore neutres, comme ici où les Moindous, les Moméas et les Scinguiés ne paraissent point avoir pris part aux massacres, mais ne se montrent pas hors de leurs villages. « C'est pour cela qu'il faut aller vite en besogne, » dit le colonel. Il regarde le soleil, puis sa montre, avec impatience. « Il est trop tard pour marcher aujourd'hui. Cependant on peut faire quelque chose. »

Il est d'avis qu'on réoccupe sur-le-champ les territoires qu'on a évacués. On peut le faire. La *Seudre* a apporté des soldats et des armes. Il appelle M. Hayes, le directeur de la Fonwari. « Je vous donne un officier et un détachement, réunissez tout votre monde et partez aussitôt. » Le directeur s'incline et, une demi-heure plus tard, le pénitencier, escorté des soldats, se met en route pour la ferme.

C'est au tour de M. de Laubarède et de ses colons de Moindou. En dehors des francs-tireurs que le colonel consent à me laisser, il y a quatre-vingts hommes qu'on peut armer. On leur distribue quatre-vingts fusils à piston. M. de Laubarède devient leur chef militaire. Le colonel les réunit et leur recommande de ne point maltraiter les sauvages qui les entourent. Il y a tout intérêt à ce que ces tribus restent inoffensives. Les colons promettent par acclamation et, suivis de leurs familles et de leurs bagages, s'acheminent vers Moindou.

Après ces deux départs, Teremba est à peu près rendu à son aspect accoutumé. Tout au plus a-t-il une physionomie plus vivante, mais toute militaire. Il a cent vingt soldats, trente-deux marins, trente-six déportés armés de fusils à piston. Le colonel est content. « Voilà Teremba déblayé, me dit-il, l'arrondissement remis dans son assiette. Je vous laisse ici commandant militaire de terre et de mer. Dès demain matin, je pourrai marcher en avant. Allons dîner. »

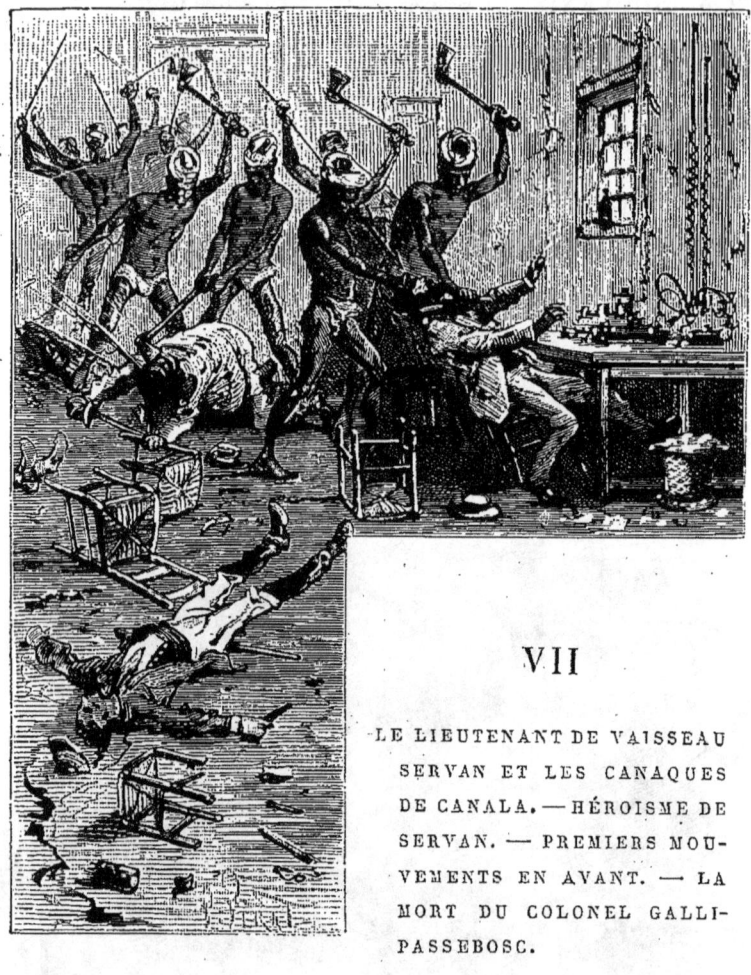

VII

LE LIEUTENANT DE VAISSEAU
SERVAN ET LES CANAQUES
DE CANALA. — HÉROISME DE
SERVAN. — PREMIERS MOU-
VEMENTS EN AVANT. — LA
MORT DU COLONEL GALLI-
PASSEBOSC.

A la fin du dîner, il nous arriva une grave nouvelle. La circonscription de Bouloupari était en pleine insurrection. Les tribus de la Ouameni, des Owi, des Koa, couraient la brousse, incendiant et pillant les habitations, massacrant les colons. Vers midi, à l'improviste, une bande s'était jetée sur le poste, y avait assassiné les gendarmes, haché un surveillant et tué l'employé du télégraphe, M. Riou, sur son appareil même, au moment où il prévenait Nouméa de la révolte des Canaques. Les dépêches se succédant, la *Seudre*, qui avait amené le colonel, devait partir dès le lendemain matin pour porter à Bouraké et à Bouloupari cent matelots du *Tage*. Le *Tage* était le vaisseau transport récemment arrivé de France et dont on allait retarder le départ. La colonie avait à tirer par ti de toutes ses ressources.

Le 27 juin, à six heures du matin, le colonel Galli partit de Teremba avec la compagnie du capitaine Boulle. Il emmenait avec lui de Vaux-Martin et le lieutenant Maréchal. Celui-ci, venu de Nouméa, avait été chef d'arrondissement d'Uaraï et connaissait le pays. A Teremba, on continua très activement la palissade, et Vanauld envoya chercher les chefs des Moindous, des Moméas et des Scinguiés. Il avait vécu avec eux dans de bons termes, et il espérait de bons résultats de cette démarche amicale. Ils arrivèrent au nombre de vingt, en armes. Toutefois, avant d'entrer dans le hall, en signe de paix et avec cette courtoisie de formes à laquelle les sauvages attachent du prix, ils déposèrent leurs haches et leurs sagaies sous la véranda. Nous leur dîmes ce que nous attendions de leur sagesse et de leur prudence, une conduite qui ne donnât lieu à aucun reproche et la continuation de leurs bonnes relations tant avec nous qu'avec les colons de Moindou. Ils nous écoutèrent en silence, avec quelques airs de tête approbatifs, mais ne nous répondirent que par monosyllabes. Ils ne se montraient pas hostiles, mais préoccupés, à demi inquiets. Il nous sembla que, l'entrevue terminée, ils reprenaient leurs armes avec plaisir. Le camp les regarda passer, sans manifestation d'aucune sorte, mais avec un mauvais vouloir qui se cachait. L'opinion publique, sans preuves, était que leurs tribus avaient participé aux massacres. En tout cas, Moindou avait au besoin quatre-vingts hommes armés pour se défendre, et, en attendant, il valait mieux que ces sauvages ne se jetassent pas dans la révolte ouverte.

Le colonel revint le soir, après avoir poussé diverses pointes au delà de la Fonwari et brûlé des villages. Il revenait fatigué, soucieux, surpris et attristé des atrocités commises qu'il avait vues sur son passage. C'était plus sérieux qu'il ne l'avait pensé. Aussi s'alarma-t-il quand il sut par une dépêche que le lieutenant de vaisseau Servan, commandant à Canala, avait demandé au gouverneur de le laisser partir seul avec les tribus de son arrondissement pour venir au secours d'Uaraï. C'était, selon Servan, le seul moyen d'empêcher ces tribus dangereusement hésitantes d'entrer dans la révolte. Le gouverneur, qui aime les initiatives généreuses, le lui avait permis. Le colonel pria le gouverneur de retirer cette autorisation. Il y avait, à son avis, pour Servan un péril de mort presque certain. Cette dépêche du colonel, si le gouverneur s'y rendait, était inutile. Quand un officier prend la résolution que prenait Servan, il ne se laisse pas ramener sur ses pas.

Servan a trente ans, est Lorrain. C'est une tête carrée, aux cheveux coupés ras sur un corps qui a ses proportions exactes de résistance et de vigueur. L'âme obstinée a là ses auxiliaires complets. Il est, lui, de ces ambitieux froids qui calculent leurs chances, ou plutôt qui les méditent. Mais cette méditation est souvent semblable à un rêve. C'est par une illumination intérieure, qui a eu sa gestation lente, qui éclate soudain, qu'ils prennent un parti. Ce parti pris, ils sont parfois les premiers à s'en étonner, l'exécutent pourtant. Il y a du joueur en eux. Ils se livrent à la veine et bientôt exigent trop d'elle et la violentent. Elle les quitte. Peut-être faut-il, pour que les ambitieux trouvent leur compte à l'ambition, qu'ils se laissent porter par leur fortune quand elle arrive, qu'ils sachent surtout la porter quand elle est venue.

Voici ce fait vraiment remarquable d'audace et de calme. Les tribus de Canala se demandaient ce qu'elles allaient faire. On a su plus tard que le mouvement général de la révolte devait avoir lieu le 26 juin. Il avait commencé prématurément à Uaraï le 25. Il y avait donc, suivant le succès, à s'y associer, à s'en abstenir provisoirement ou à se déclarer ouvertement contre lui. Les sauvages sont lents à se résoudre à quoi que ce soit. Le grand chef Gelima, autrefois caressé par le gouverneur Guillain et qui, avec ses moustaches grises et tombantes, a l'air d'un vieux troupier débonnaire et fatigué, ne se disposait à rien.

Le chef politique, Caké, astucieux et retors, supputait ce qu'il était opportun de tenter. Nondo, le chef de guerre, se fût abandonné à ses passions de haine et d'ambition. Celui-là, aux sensations soudaines, violentes, irrésistibles, est un vrai sauvage. Il l'est aussi d'aspect. Nu, agile et grand, il a les membres velus, le poil rouge, la chevelure fauve, en boule, hérissée et touffue, le visage sillonné, couturé de rides profondes. La peau en est flasque, sans que le masque cesse d'être expressif. Ce sauvage, qui a tous ses vices et qui a pris les nôtres, jeune encore, a, tour à tour, sur les traits, l'audace et la prudence du guerrier, l'impassibilité qui ignore, la férocité implacable. Étant perfide et cauteleux, il sait être habile et caressant. En ces moments-là, il a une sorte de bonhomie ; sa figure s'éclaire à une flamme douce du regard, à un large sourire. On serait tenté de se fier à lui.

Mais l'ivresse en fait une brute indomptée et redoutable. Les moindres convoitises, naïves, et sans frein si elles peuvent se satisfaire, abolissent dans cette âme obscure toute reconnaissance et toute générosité. Il s'y glisse ou s'y rue. A côté, au-dessous de lui, sont ses deux frères, Salomon, pire que lui, hypocrite et cruel, et Maurice, qui contraste avec les autres. D'une physionomie ouverte et franche, très intelligent, parlant couramment le français, se plaisant à vivre parmi nous, Maurice rêve des exploits guerriers et de l'amour. J'emploie ce mot-là, parce qu'il indique par exception une nuance de civilisation.

Il y a d'autres chefs aussi, ceux qu'on appelle les petits chefs, Grepa, Badimoin. Mais tous inclineraient à la révolte. Il nous haïssent et nous craignent, et nous les gênons. Quelle renommée pour eux s'ils décident la victoire au profit des révoltés, s'ils nous chassent et nous tuent! et quelles richesses! Plus rien des blancs que leurs dépouilles.

Tandis qu'ils songent à cela, Servan, tout d'un coup, fait appeler les chefs. Il les accueille bien, leur fait les politesses habituelles à ces entrevues et qui ne se hâtent jamais. Puis tranquillement, mais d'un ton ferme et résolu, il leur dit que les tribus d'Ataï ont surpris traîtreusement des colons d'Uaraï et les ont assassinés. C'est sur les tribus de Canala qu'il compte pour châtier les coupables. Et afin que l'honneur leur en revienne tout entier, il ne leur adjoindra pas de soldats; il ira, lui seul, combattre avec elles. Ce langage étonne les chefs, leur impose et les domine. Ils se taisent cependant. Mais Servan n'a pas besoin qu'ils lui répondent : — « Allez, leur dit-il en les congédiant, le rendez-vous est pour ce soir, huit heures, à Ciu; c'est de là que nous partirons ensemble. »

A six heures il se met en route. Il monte *Coquette*, une jolie jument qu'il contraint à marcher au pas et qui blanchit son mors. Il a avec lui ses cigares, ces éternels compagnons du voyage et du rêve, et un Néo-Hébridais qui lui sert de domestique. A Ciu, il ne trouve que les chefs avec un petit nombre de Canaques. On lui dit qu'il a fallu du temps pour prévenir les tribus, qu'elles prendront des sentiers de traverse et que le grand rendez-vous est à Coindé.

On se dirige sur Coindé en silence. Les chefs sont taciturnes et préoccupés. Servan fume et ne leur parle pas. Les tribus sont en effet à Coindé. Il y a là plus de quatre cents Canaques en tenue de guerre, la hache, la sagaie ou le casse-tête à la main, la poitrine et le visage barbouillés de suie. Il règne parmi les sauvages une agitation extraordinaire, non qu'elle se traduise par des cris ou par de grands mouvements, mais par des allées et venues rapides et discrètes et par des rumeurs inquiètes et vagues. Les chefs délibèrent. Ils tiennent entre leurs mains un officier français, comme victime et comme gage à l'insurrection s'ils le veulent, comme otage s'ils le préfèrent.

Ce qu'ils voudraient savoir, ce qui cause leurs tergiversations, c'est si la révolte a des chances ou non de triompher. Pour cela, ils n'ont qu'à marcher en avant. Le commandant de Canala, en les emmenant avec lui, sans qu'ils aient eu à se déclarer, a peut-être pris le parti qui leur convient le mieux. Ils aviseront. Servan s'est tenu à l'écart. Il a la vertu des sauvages, la patience. Au bout d'une heure, il tire sa montre et va vers les chefs. — « Il est temps de partir, » leur dit-il. On le suit.

Ils traversent ainsi pendant la nuit la chaîne centrale par une route muletière parfois dégradée et le plus souvent en surplomb de précipices. Les Canaques, qui ont peur du diable, ont allumé beaucoup de torches. Toutefois la présence d'un blanc au milieu d'eux les rassure. Le diable ne pourra rien contre eux. S'ils tuent Servan, ce ne sera qu'au matin. Ils vont à leur allure sautillante, comme des singes au pas gymnastique. De temps à autre, dans les endroits difficiles, Servan met pied à terre, mène son cheval par la bride. Il y a des haltes assez fréquentes. Cependant elles sont courtes. Les chefs paraissent se décider de plus en plus à marcher jusqu'au jour. Il n'y aura de solution qu'au soleil levant.

Le moment est arrivé, l'aube naît. Du haut d'une colline et grandissant sous la lumière, on aperçoit le pays insurgé. Ce sont les vallées de la Foa et de la Fonimolo, les plaines de la Fonwari et tout au loin la mer. Tout cela est sombre encore, indistinct. C'est une grande verdure et un grand silence. On s'arrête, et l'arrêt se prolonge. Les chefs se sont remis à délibérer.

Cependant quelques Canaques se sont répandus

dans les alentours. Ils découvrent une maison de colon récemment incendiée et qui fume encore. Il n'en reste que les décombres. Des cadavres de blancs, mutilés, sanglants, à demi brûlés, gisent sur le sol, dans les cendres. Ces Canaques aussitôt accourent, préviennent les chefs. Ceux-ci vont voir. Il se manifeste, parmi les sauvages, une émotion extrême. Ils ont senti le sang, la bête féroce s'éveille en eux. Les chefs reviennent très agités. Ils ne délibèrent plus dans le calme, parlent tous à la fois. Ils est clair que l'insurrection est la plus forte, il y a lieu d'y prendre rang et de s'y affirmer en tuant l'officier.

Gelima seul ne dit rien, Maurice intercède peut-être. Mais le farouche Nondo s'exalte, entraîne les autres. Il a les yeux rouges, le geste menaçant. Il va marcher vers Servan.

C'est Servan qui marche à lui. — « Nondo, lui dit-il en souriant, je te donne ma carabine. »

Ces paroles, dans un tel moment, paraissent singulières. Nondo demeure interdit. — « A moi ? dit-il. — Oui, à toi. Si nous devons combattre ensemble avec le colonel et les soldats que nous allons trouver là-bas, c'est un cadeau que je t'aurai fait. Si, au contraire, tu me tues comme tu sembles en avoir l'intention, tu ne pourras pas te vanter de me l'avoir prise. »

Un murmure de surprise et d'admiration court parmi les sauvages. Nondo reçoit la carabine et rougit de plaisir. Il serre la main de Servan et lui dit : — « Nous sommes avec toi, conduis-nous au colonel. »

Dès lors il n'y eut plus d'hésitation, et quelques heures plus tard, à la Foa, Servan se rencontrait avec le colonel Galli.

Ce que je viens d'écrire, c'est le colonel qui me le raconta le soir même. Il en était tout joyeux, il l'était aussi d'un incident qui s'était produit dans la journée.

A peine avait-il eu les Canaques de Canala qu'il s'en était servi. Il leur avait adjoint quelques soldats et les avait lancés dans la brousse. On avait eu affaire à quelques révoltés, et il y avait eu une sorte d'engagement. Dès le début, Nondo avait été blessé à la tête d'un coup de sagaie. Malgré l'épaisse chevelure du chef, la baguette avait pénétré de trois centimètres dans le crâne et s'était brisée. Nondo avait dédaigneusement arraché ce qui restait de la sagaie, mais sa blessure l'avait rendu furieux, et ses guerriers partageaient sa colère et son désir de vengeance. C'est là ce qui faisait rire le colonel. Ces Canaques étaient désormais nos alliés, ou tout au moins, par l'intrépide conduite de Servan, ils avaient cessé d'être un danger pour Canala.

Le colonel revenait d'ailleurs à Teremba presque tous les soirs. Il arrivait dans le break de la ferme, traîné par de vigoureux chevaux et avec quelques soldats d'escorte sur les banquettes de l'arrière. On appelait le break la voiture du colonel. Dans la journée, commencée de grand matin, il avait brûlé des villages dont il abandonnait le butin aux Canaques. Du reste, on ne voyait pas l'ennemi. Le véritable ennemi pour le colonel, c'étaient les puces de la Fonwari. A l'arrondissement, au bord de la mer, il dormait bien, reprenait des forces. En effet, il était fatigué et tantôt gai, tantôt soucieux. Cela n'allait pas assez vite à son gré.

Cependant, après s'être entendu avec le gouverneur, il devait, le 3 juillet, partir de la Fonwari avec le gros de ses forces et se transporter à Bouloupari en traversant tout le pays insurgé. On saurait alors à quoi s'en tenir sur les massacres, et l'on aurait peut-être la chance de trouver les révoltés devant soi. Ils avaient coupé le télégraphe de Teremba à Bouloupari, à la hauteur de la Foa, dans la brousse, et le colonel l'avait réparé le 2 juillet dans la journée. Le 3, dans sa marche sur Bouloupari, il se proposait de repasser par le même endroit. Il me fit ses adieux le 1ᵉʳ juillet au matin, car il comptait passer et passa en effet la nuit à la Fonwari.

Le 3 juillet vers onze heures du matin, je reçus une dépêche du colonel. Elle portait : « Au delà de la Foa, en route. » Il me la transmettait donc par l'appareil de campagne. Le colonel me disait de voir madame X... et de l'inviter, si elle trouvait quelques hommes de bonne volonté, qu'on armerait, à retourner sur son habitation. Cette habitation était une belle maison en planches, sur une éminence, à deux kilomètres environ du poste de la Foa. Elle avait autour d'elle des bois de niaoulis et de belles cultures et, par des circonstances toutes particulières, avait été respectée des sauvages et était encore intacte.

Madame X... est la veuve d'un officier qui avait obtenu cette concession. Elle a continué à l'exploiter. C'est une de ces femmes de colons, intelligentes, actives, très courageuses, qui ne reculent devant aucun effort, devant aucune fatigue. Elle a près de cinquante ans, et l'on voit qu'elle a dû être jolie. Aujourd'hui, elle a encore un charme de grâce, de réserve discrète, un peu dévote et de grande honnêteté. Elle est très soignée de sa personne, d'une élégance tout à fait simple, fort correcte. Soit qu'elle vienne le dimanche entendre la messe à Teremba, soit qu'elle aille à de longues distances, qu'elle fasse le trajet à pied, en voiture et quelquefois à cheval, la placidité de son visage reste la même, et aucun pli de sa toilette n'est dérangé.

Madame X... plut à Ataï, qui est le grand promoteur de la révolte. Il était son voisin et venait souvent la voir. Il lui apportait des fruits, et elle lui offrait du café, du pain et du vin. Il fumait sa pipe sous la véranda, tandis qu'elle s'occupait à quelque ouvrage de femme, et ils causaient. Dans ses jours de cérémonie, il avait une tunique d'officier d'infanterie avec des galons d'or et un képi comme la plupart des chefs, mais le plus ordinairement il était nu.

D'ailleurs cette nudité d'un rouge noir un peu cuivré, à laquelle elles sont très habituées dans la brousse, ne choque plus les femmes. Ataï était grand et fortement constitué, très intelligent, mais il avait quarante-cinq ans, ce qui n'est plus la jeunesse pour un Canaque, la tête grosse, le sommet du crâne chauve et les oreilles pendantes et largement percées à la mode de son pays. Il s'éprit de madame X... et, un beau jour, il lui proposa tout à coup et très tranquillement de l'épouser. On ne saurait nier qu'en de telles occurrences et avec leur costume les Canaques n'aient une grande franchise de formes. Madame X... demeura stupéfaite et refusa. Ataï, à plusieurs reprises, revint à sa proposition et ne fut pas plus heureux. Son dépit fut peut-être pour quelque chose dans sa révolte. Il y a presque toujours une raison féminine qui détermine les grands projets.

J'ai dit plusieurs fois à madame X... qu'elle aurait dû se dévouer et qu'elle aurait empêché l'insurrection. Elle n'y a pas contredit, mais elle a ajouté qu'elle n'aurait pu s'y résoudre, à ce point qu'elle préférait à ce mariage tous les hasards que pourrait courir la colonie. Cela est égoïste. Quoi qu'il en soit, Ataï, par une galanterie et une espérance qui se prolongeaient pour lui, avait épargné l'habitation de madame X... Quant à la réoccuper, ainsi que l'y invitait le colonel, madame X... y était toute prête. Il y avait à cela du courage et une sorte de coquetterie. Elle se croyait sûre de la générosité d'Ataï. Elle eût volontiers secondé les intentions du colonel, qui mesurait les autres à sa propre audace et qui eût désiré que, chacun se réinstallant hardiment chez soi, on traitât l'insurrection par le dédain. Toutefois la vaillante femme ne trouva personne pour l'accompagner, et il fallut renoncer à ce projet.

Ce jour-là, vers quatre heures, on vit, par la route de la Fonwari, un cavalier accourir à toute bride. C'était un condamné, un des écrivains du directeur. Il était armé d'un révolver qu'il tenait à la main, comme prêt à s'en servir. Il se jeta à bas de son cheval, qui était couvert d'écume, et courut à moi. « Commandant, me dit-il, on demande à la ferme, et tout de suite, la voiture du colonel. — Pour quoi faire? — Je ne sais pas, on ne me l'a pas dit; on m'a fait partir en toute hâte. Je crois, cependant, qu'il y a quelqu'un de blessé, un Anglais. — Quel Anglais? — Il est venu des cavaliers volontaires de Nouméa, qui ont rejoint le colonel. »

Je fis atteler le break, qui partit aussitôt pour la Fonwari, et ne m'occupai pas autrement de l'incident. Les hostilités avaient commencé, voilà tout. Cependant, une heure après, comme je me promenais sur le plateau avec Le Golleur, nous devînmes inquiets. Nous commentions cette hâte à envoyer chercher la voiture du colonel. Nous vîmes alors, et toujours par la route de Fonwari, une troupe de cavaliers qui s'avançait vers Teremba. Elle allait lentement, fatiguée. Je reconnus Boutan, un intrépide

IL RESTA UN INSTANT DEBOUT.

éleveur de la Nouvelle-Calédonie, et quelques-uns des colons notables de Nouméa, français et étrangers.

Je savais que ces messieurs, sous la conduite de Boutan, devaient venir, en volontaires, au secours de l'arrondissement. Je me dirigeai à leur rencontre avec Le Golleur. Quand nous fûmes plus près, nous aperçûmes Servan parmi eux. Il avait un mouchoir serré autour du front. J'allai à lui : « Est-ce que vous êtes blessé? — Non, c'est à cause de la chaleur. J'ai trempé mon mouchoir dans l'eau et l'ai mis ainsi pour me rafraîchir. » J'avais salué les autres cavaliers. Ils avaient une attitude sérieuse et triste. Ils venaient de s'arrêter, tandis que Boutan et Servan, faisant quelques pas avec moi, me prenaient à l'écart.

— Commandant, me dit Boutan, le colonel Galli est mortellement blessé. Il a reçu ce matin deux coups de feu. L'un a percé la cuisse, l'autre a traversé le ventre de part en part. Servan et moi nous avons poussé jusqu'à Teremba pour vous prévenir.

— Et comment cela est-il arrivé?

— Nous allons vous le dire. Le colonel, dès le matin, s'était mis en route. Il laissait quelques soldats à la Fonwari et emmenait avec lui la compagnie Boulle et les Canaques de Servan. On avait marché jusqu'à la Foa. Là, on s'était arrêté pour brûler tout à fait les corps des gendarmes imparfaitement consumés. Puis on avait suivi la ligne télégraphique, dont les poteaux sont plantés en pleine brousse. Le colonel voulait voir si le télégraphe n'avait pas été coupé de nouveau à l'endroit où il l'avait réparé la veille.

Le sentier (qu'on appela depuis le chemin du Colonel), entre de hautes herbes et une végétation touffue d'arbustes et de lianes, est si étroit que *Gladiateur*, le cheval du colonel, en tenait la largeur. Les soldats et les Canaques le suivaient à la file indienne. Il est de plus sur un terrain en dos d'âne, avec des déclivités de chaque bord. Le télégraphe avait été coupé. Le télégraphiste Gueitte se mit à l'œuvre pour le réparer.

L'opération devant durer un certain temps, les hommes eurent la permission de s'asseoir et de se reposer. Le colonel, resté à cheval, entendit alors le capitaine Boulle qui faisait charger les armes. Il se retourna de mauvaise humeur. « Pour quoi faire ? demanda-t-il. — Me le défendez-vous, mon colonel? — Non. » Les armes chargées, les soldats s'établirent çà et là. Gueitte avait réparé le télégraphe et me faisait passer la dépêche pour madame X...

Cependant, jusqu'à un certain point, le sentier était surveillé.

Le colonel avait armé comme éclaireurs quelques libérés concessionnaires qui montaient bien à cheval et connaissaient la brousse. Ces hommes étaient en avant. Tout à coup, l'un d'eux, très intelligent et très hardi, Châtenet, accourut et annonça les Canaques. Les soldats se levèrent précipitamment. Le colonel cria : « En avant ! » Mais à peine avait-il crié et fait un pas que deux coups de feu retentirent. Ils étaient tirés de si près, qu'on vit la fumée sortir du buisson. Quelques-uns prétendent même avoir aperçu le fusil. « Bien touché ! fit alors, d'une voix forte, le colonel. » C'était, quand même, la parole du soldat pour le succès. Gueitte, qui était tout près, s'y méprit, ainsi qu'à l'accent : « Ah ! dit-il, mon colonel, vous les avez bien touchés. — Non ! mon pauvre Gueitte, c'est moi qui suis bien touché. » La voix subitement s'était affaiblie. Cependant le colonel descendit seul de cheval. Il resta un instant debout, portant les mains à ses flancs, et s'affaissa sur le sol.

Le capitaine Boulle, en ce moment, faisait tirer, au juger, dans la brousse. Plusieurs décharges se succédèrent. Les Canalas s'en étaient accroupis de crainte.

On en lança quelques-uns dans les buissons, on tenta d'y pénétrer soi-même. Ce fut inutile, on ne découvrit aucun Canaque.

Alors, avec des branches d'arbre et du feuillage, on fit un brancard et on y plaça le blessé. Il souffrait tant, qu'il dit à Boulle : « Laissez-moi mourir là, mon ami, je souffre trop. Et vous, marchez sur Bouloupari. » Le capitaine feignit de ne pas entendre. Le colonel, c'est le drapeau, c'est le père du régiment. On ne l'abandonne pas, pour que les sauvages le mutilent et se fassent des trophées de son cadavre. On l'emporta donc, on le porta plutôt, doucement, à petits pas. De cinq minutes en cinq minutes on s'arrêtait. Il ne se plaignait plus que par l'expression de souffrance de son visage. On refit ainsi dix kilomètres. Les cavaliers Boutan qui venaient de Nouméa pour joindre le colonel et qui, au lieu de suivre le télégraphe, avaient pris un autre chemin, rencontrèrent la cinquième compagnie sur la route de la Foa à la Fonwari. L'un d'eux courut à la ferme, qui expédia un cavalier à Teremba. Le colonel cependant était arrivé à la ferme. On l'y avait couché, et le docteur Duliscouet lui prodiguait, mais sans espérance de le sauver, ses soins les meilleurs et les plus dévoués.

Tel fut ce récit. Je ne pouvais communiquer avec le gouverneur par le télégraphe, mais j'avais la *Vire* en rade de Teremba. J'avertis Daniel qu'il eût à appareiller le lendemain, dès qu'il le pourrait, pour Nouméa, afin de prévenir le commandant Olry. Puis je dis à Boutan et à Servan : « En attendant que j'aie reçu les ordres du gouverneur, je vais aller prendre la place du colonel. Nous partirons demain matin pour la Fonwari. »

VIII

LA FONWARI. — EN MARCHE POUR BOULOUPARI. — LA HALTE DU SOIR A POPIDÉRY. — LA MAISON DAROUX.

Le lendemain matin, 4 juillet, à six heures, je partis à cheval avec les cavaliers Boutan. L'émotion causée par la blessure du colonel Galli, très vive à Teremba, avait dû être profonde parmi les troupes qui l'accompagnaient. Je m'en aperçus à mon escorte. Un peu plus d'à mi-chemin entre Teremba et la Fonwari, la route passe entre un champ de cannes à droite et des ajoncs dans un marais à gauche. Boutan fut d'avis de franchir ce passage au galop. Quelques-uns de ses cavaliers et lui se rapprochèrent même amicalement de moi pour me couvrir. On s'attendait à beaucoup d'audace de la part des Canaques, et l'opinion générale était qu'ils feraient leur possible pour tuer les chefs de guerre des blancs. C'est ce qu'ils pratiquent parmi eux, et il faut reconnaître qu'on en use ainsi partout quand on le peut. Il est bien recommandé, dans les combats maritimes, aux gabiers qui sont dans les hunes, de viser de préférence sur le pont ennemi l'amiral ou le commandant. La perte du chef porte toujours, parmi les siens, un trouble momentané plus ou moins grave dont l'adversaire peut profiter. Le plus souvent chez les sauvages, c'est la fin de la guerre. Aussi disait-on que les Canaques n'avaient tiré que sur le colonel. Et en effet il n'y avait eu que deux coups de feu, tous les deux dirigés contre lui. Un peu au delà du passage des cannes à sucre et quand nous avions repris le pas, nous rencontrâmes un messager que m'envoyait le directeur de la ferme : le colonel était mort.

L'après-midi et la soirée de la veille s'étaient écoulés pour lui dans d'horribles souffrances, et, quand il avait quelque répit, c'était la tristesse qui le prenait. C'est qu'il se sentait mourir, tout vivant, en pleine possession de son passé et de l'avenir, si cet avenir n'eût dû lui échapper. Ce colonel de quarante ans avait derrière lui une belle carrière, et tant de jours heureux d'activité et de gloire eussent été devant lui, qu'il entrevoyait encore dans sa pensée ! La mort violente qui n'est pas immédiate a cette amertume. Il est trop tôt pour ceux qui partent, jusqu'à ce que les prenne une sérénité haute ou qu'ils se résignent. Ce moment vint pour le colonel. Il fit part à Duliscouet de ses dernières volontés, serra la main de ceux qui l'entouraient. L'agonie commença ensuite, très douce. Le cerveau ne percevait plus la souffrance, n'avait plus qu'une vie automatique. Des souvenirs incohérents, des images anciennes le sollicitaient, s'en détachaient par la parole ou flottaient devant ses yeux, qui s'animaient. Mais le tout était souriant, presque gai. Le colonel prononça le nom d'un officier qui était souvent son commensal, dont il s'amusait, lui fit bon accueil. Deux fois aussi il dit : « En avant ! » comme il avait fait dans la journée. A deux heures du matin, il rendait le dernier soupir.

Nous entrâmes dans la ferme par la porte à deux

battants, à barreaux de bois et peinte en vert, qui donne sur la route. De chaque côté, il y a des massifs de cactus, de bananiers et d'eucalyptus, où des volières habitées de cagous et de poules cochinchinoises s'abritent des rayons du soleil. Au delà d'un troisième massif en triangle avec les premiers, qui force le chemin d'entrée à se bifurquer pour se reprendre en une allée sablée jusqu'à l'habitation, il y a une jolie fontaine dont l'eau tombe dans une vasque de pierre. Le capitaine Boulle avait fait mettre les troupes sous les armes en face de la maison du directeur.

Cette maison, très simple, est un rectangle long, à murs en torchis et blanchis à la chaux, à toit de chaume, avec une véranda ou plutôt un auvent, également en chaume, qui en fait le tour, soutenu par de légers poteaux qui s'appuient au sol. Elle a trois portes à deux battants, à panneaux pleins, peintes en vert, qui s'ouvrent sur la véranda. C'est la façade. Au fond des pièces, à l'opposé, sont les fenêtres.

Dans l'appartement du milieu était le corps du colonel. On l'avait placé sur le lit où il était mort, étroitement cousu dans un drap. Le visage à angles aigus, les membres rigides, se dessinaient sous la toile. Ainsi étendu, les bras au corps, les jambes réunies, il me parut très grand. On le mit dans sa bière en présence des officiers, puis le cercueil fut déposé dans le break, qui partit avec un détachement pour Teremba. Le colonel, à son départ, fut salué par les troupes. Le lendemain, il était enterré à Teremba, au pied du mât de pavillon. Le drapeau qu'il avait servi et aimé flottait sur lui.

Nous pouvions craindre que les Canaques, exaltés par ce succès, ne tentassent une entreprise contre la Fonwari. La ferme se trouvait tout à fait sans défense. Elle est dans un bas-fond, entourée d'abord de bois, puis de collines d'où l'on peut voir tout ce qui s'y passe. Le terrain qu'elle occupe par elle-même est découvert, mais ses diverses constructions se masquent les unes les autres. Ce sont les cases des transportés, les bâtiments d'exploitation et aussi les ateliers, car la Fonwari, en même temps qu'un établissement agricole, est un petit centre industriel.

Seule, la maison du directeur est relativement sur une éminence. Devant la maison, cette éminence descend dans un creux où il y a l'église et la boulangerie, puis remonte et forme un second plateau où s'élève une vaste écurie à toit de zinc. Tout cet ensemble a de loin l'aspect d'un village. La boulangerie qui est en pierre, à porte de bois couverte de tôle, et l'écurie, facile à fermer, pouvaient servir aux troupes pour la nuit. Les jeunes soldats ont besoin de dormir, et, comme ils sont difficiles à réveiller, il faut qu'ils dorment en sûreté. Ils durent se loger là avec deux de leurs officiers. Quant à la maison du directeur, qu'on désobstrua quelque peu de ses massifs, autour de laquelle on donna de l'air, je la réservai pour les autres officiers, pour Boutan, pour M. Hayes, pour Servan et pour moi. On y pratiqua des meurtrières à rainures fermées de tôle dans les portes et les volets. La défense s'y trouvait organisée par nous-mêmes et aussi par un détachement que je faisais venir de Teremba et que j'avais désigné le matin. C'étaient douze matelots et six déportés. Ils logeraient tout près de la maison, dans deux kiosques. L'un de ces kiosques est à trente mètres devant la façade, l'autre en prolongement de la maison, à quinze mètres à peine de sa face étroite, sur sa gauche. Les condamnés, armés de piques et de sabres d'abatis, occupaient leurs cases. Les cavaliers Boutan, non loin d'eux, avaient une étable. Les Canalas avaient fait leurs feux et leur campement de feuillage tout auprès. En principe, comme à Teremba, il était convenu que chacun se défendrait chez soi.

Il eût été dangereux de s'aventurer dans les embûches de la nuit, parmi ces bâtiments épars sur un sol inégal et ces massifs de verdure. Les agiles Canaques s'y fussent tenus à l'affût à coup sûr, y eussent bondi plus vite que nous. Notre confiance dans nos alliés était encore médiocre. Il eût pu se faire qu'ils tournassent contre nous. Toutefois, en cas de péril extrême, le clairon de l'infanterie de marine ou celui des marins devait sonner « la casquette au père Bugeaud ». On se viendrait alors en aide. Les cavaliers Boutan avaient un cornet à bouquin.

Ces dispositions prises, nous attendîmes. Dans l'après-midi, le détachement de Teremba arriva. Les douze marins avaient été pris parmi les meilleurs de la compagnie de débarquement. Il y avait quatre gabiers, quatre canonniers, trois fusiliers brevetés et un timonier. J'y avais le patron de ma baleinière. Tous ces braves gens étaient dans la joie. Les six déportés étaient de hardis compagnons, à figure franche et martiale. Leur lieutenant élu de Teremba les commandait. C'était Malherbe, âgé de quarante-neuf ans, grand, sec, à barbiche rouge, tout en nerfs. A Moindou, il vivait dans la brousse.

Il avait un bon regard. Je passai la petite troupe en revue. On l'avait armée de chassepots. Puis je dis aux marins en leur montrant les déportés : « Je vous les confie. »

Le soir, à dîner, nous étions neuf à table, le capitaine Boulle et son sous-lieutenant Anoual, de Vaux-Martin et Duliscouet, le directeur Hayes, le lieutenant Maréchal, Boutan, Servan et moi. Bien qu'étouffé sous ses collines et, à cause de cela, un peu triste, ce site de la Fonwari est joli. On peut dire qu'il est dans un cercle de monticules chauves et de verdure sombre. Sous la chaleur du jour et aux approches de la nuit, il s'y fait un grand silence. Mais les arbres y ont de frais ombrages, et les parfums de l'eucalyptus et du niaouli s'y mêlent à ceux des fleurs.

Le lendemain, 5 juillet, fut encore un jour d'attente. La *Vire*, partie le 4 au matin, ne pouvait être de retour que le 5 dans l'après-midi. On s'occupa de la palissade qui devait entourer la ferme. Les niaoulis abondaient, ainsi que les outils et les moyens de transport. Le travail marchait vite et distrayait les hommes. Il était bon d'ailleurs qu'ils ne restassent pas inactifs et que la fatigue prît la place de la pensée.

Pour ma part, après avoir surveillé la palissade, je demandai au directeur s'il n'avait pas quelque livre à me prêter. Les bibliothèques des pénitenciers ont Walter Scott et Cooper. On me donna *Satanstoe*. C'était en situation. Je pus lire pendant deux heures les ruses des sauvages, leur patience infinie à préparer un coup, leur foudroyante rapidité à le frapper, quand il est sûr, leurs raffinements de cruauté dans le succès ou dans la vengeance.

Des voyageurs, traversant une forêt, ont donné un rendez-vous à quatre de leurs amis. Ils les aperçoivent de loin à l'endroit indiqué. Les quatre hommes, assis sur l'herbe et les jambes croisées, sont à déjeuner. L'un pique sa fourchette dans le plat. Un autre se verse à boire, il se penche en avant et appuie le goulot de la bouteille sur le bord du gobelet qu'il n'a point pris de sa main gauche. Le troisième, adossé à un tronc d'arbre et les mains sur ses genoux, écoute ce qui se dit. Le dernier fait un geste qui ne change pas, il parle. Les voyageurs s'approchent, s'étonnent de l'aspect persistant des convives, puis les hèlent. Nul ne bouge, nul ne répond. Les quatre hommes ont été assassinés par les Indiens, et leurs meurtriers se sont plu à disposer les cadavres dans ces attitudes diverses qui simulent la vie.

J'en reste là du livre, pour savoir ce que deviennent nos Canaques. Il m'a semblé en effet que, depuis la veille, leur nombre diminuait. Je le dis à Servan. « Mais non, me répond-il, c'est qu'ils se tiennent souvent dans la maison qui est là-bas, en dehors de la ferme, et qu'on leur a donnée pour garder leur butin. — Ce n'est là qu'une explication, mon cher ami. » Alors Servan se met à sourire. : « C'est vrai, ils ont diminué, je m'en suis aperçu et j'en ai fait part à Nondo. Il paraît qu'une cinquantaine d'entre eux ont voulu retourner à Canala pour s'y reposer et y montrer leur butin. J'ai demandé à Nondo pourquoi il ne m'avait pas prévenu. Il m'a répondu que cela m'aurait fait de la peine. « Voilà, commandant, comment sont les Canaques, et je crois qu'il faut les prendre tels qu'ils sont. — Je le veux bien, mais je ne suis pas fâché de savoir où sont allés ceux qui ont disparu. »

Ce soir-là, la *Vire* est de retour à Teremba. Elle m'amène le commandant Pasquier, chef d'escadron de gendarmerie, un excellent homme que je connais et que j'aime, et le capitaine Lafond, avec quatre-vingts hommes de la 7ᵉ compagnie. Ce capitaine, sorti des rangs, a quarante ans. C'est un officier solide. J'ai aussi une lettre du gouverneur. Il m'invite à aller à Bouloupari, comme le colonel devait le faire. Il s'agit de prouver aux Canaques, en traversant le pays qu'ils occupent, que la mort du colonel ne nous a ni intimidés, ni découragés.

Le départ est fixé au 7 juillet, au matin. Je n'ai aucune inquiétude pour la Fonwari, où je laisse le commandant Pasquier avec quarante hommes de la 7ᵉ et le sous-lieutenant de Lafond, Becker. Vanauld a ce qu'il lui faut pour garder Teremba. Je lui écris de ne point s'occuper de Moindou. Il y a là quatre-vingts fusils qui doivent être capables de se défendre. Je recommande à M. de Laubarède de veiller sur ses colons et de ne point effrayer ou molester les sauvages des villages de Moindou, de Moméa et de Scinguié, dont la neutralité, si précaire et si douteuse qu'elle soit, nous est cependant utile.

Le 7 juillet, un dimanche, à six heures du matin, nous nous mettons en route. Tout d'abord, l'attitude des soldats est morne. C'est que les hommes de la 5ᵉ refont, de la Fonwari à la Foa, le trajet pendant lequel ils ont porté leur colonel mourant. Les buissons et les pierres du chemin leur sont témoins de cette marche funèbre. Nous passons auprès de la maison de madame X.... Elle est encore intacte, tandis que l'habitation des Lauzanne, qui se trouvait en face, est détruite. Est-ce donc qu'Ataï conserve quelque espoir de toucher le cœur de la veuve ? A la hauteur de la Foa, nous ne prenons pas le chemin du colonel, que nous laissons sur la droite. Nous contournons ce qui reste de la gendarmerie par le chemin des bœufs.

Après avoir passé à gué la rivière de la Foa, ce sont des solitudes de niaoulis. Les arbres s'y disséminent en nombre infini sur un terrain qui n'a point trop de broussailles. Il y a du jour à travers les arbres, on y voit clair. Toutefois il n'y a pas de sentier, et il faut là pour se reconnaître toute l'habitude qu'ont du pays les stockmen de Boutan. A la sortie des niaoulis, nous cheminons de collines en collines. Elles sont dénudées et de pentes raides. Les chevaux y grimpent comme des chèvres, avec une infatigable ardeur et, de loin en loin, s'il y a quelque brindille, y mordent à belles dents. Ils les descendent par saccades sûres, ou sur leur derrière, les jambes de devant obliquement allongées. A l'une de ces collines, au sommet, nous nous arrêtons pour déjeuner. Il est onze heures. De cette hauteur, à perte de vue, la Calédonie se découvre, verte et boisée. A notre droite, nous avons la mer bleue, qui scintille au soleil et qui déferle doucement en ruban d'argent sur les récifs. La brise est fraîche et légère.

Les troupes s'installent pour le repas. Bientôt on cause et l'on s'anime. Les émotions des soldats ne sont pas de longue durée. Exposés eux-mêmes à la mort, ils oublient volontiers et de parti pris celle des autres. Les officiers et moi, nous déjeunons des provisions que le directeur de la ferme nous a fait emporter. Au dessert, Boulle tire d'une sacoche mystérieuse deux bouteilles de Malvoisie. On boit au souvenir du colonel et à de plus heureux destins. La colline reçoit le nom de Pic Malvoisie.

On repart. L'allure de la colonne est tout autre qu'au matin. Le soldat est allègre et dispos. Sur le flanc des collines, en ces sinuosités où elle se déroule et s'allonge, la petite armée a plaisir à se voir. C'est qu'en effet elle est d'un aspect curieux et pittoresque.

En avant sont les dix éclaireurs à cheval que le colonel Galli a armés. Vaux-Martin les commande. Il a l'œil brillant et la moustache en croc. Ses hommes ont les vêtements de hasard que le pillage ou l'incendie de leurs cases leur a laissés. Les uns sont trapus et se ramassent sur leur selle; les autres, dégingan-

EN AVANT SONT LES ÉCLAIREURS.

dés, se haussent sur les étriers. Ils reconnaissent ces chemins pour les avoir courus.

Les éclaireurs précèdent les cavaliers Boutan. Ceux-ci forment un contraste avec eux. Ce sont douze gentlemen dans la même tenue élégante et correcte, les houseaux de cuir jaune montant jusqu'au genou, la vareuse bleue serrée à la taille par une ceinture de cuir, le casque de feutre gris, la carabine Snydell en bandoulière, la gourde au côté. Les chevaux de prix s'impatientent au pas, font des courbettes, blanchissent leur mors. Boutan, ferme en selle, marche au flanc de son petit escadron, le regarde avec complaisance.

Puis viennent les francs-tireurs. Ils sont dix-huit, douze marins et six déportés. Les marins ont le grand col bleu à liserés blancs rabattu sur les épaules, la vareuse de laine bleue, le pantalon de toile dans la guêtre, le chapeau de paille. Les déportés n'avaient guère que la chemise et le pantalon de toile. Les matelots leur ont donné leur seconde vareuse, qui les préservera de la fraîcheur des nuits. Ils sont coiffés de chapeaux mous, de casquettes ou de képis. Les francs-tireurs, au passage des embuscades vertes, sondent de l'œil les fourrés, ont le fusil à la main et le doigt sur la gâchette.

Voici le général. Il est en casque gris, en redingote d'uniforme, un foulard lâche autour du cou, un revolver à la ceinture et une canne plombée en guise de cravache. Il monte une jument grise de vingt-quatre ans et de 1^m,60 de haut. Cependant *Quimperlé* a le pied sûr et, d'un pas allongé, fait ses 10 kilomètres à l'heure. Cette bête intelligente connaît la brousse ; elle y a, de souvenir et d'habitude, des malices et des gaietés séniles.

J'ai à côté de moi Duliscouet. Il est coiffé d'un chapeau mexicain à larges bords ; il a une vareuse d'un bleu vert à parements de velours grenat et à galons d'or, une vaste ceinture rouge et des guêtres de cuir fauve bouclées jusqu'à mi-jambes. Son tout petit cheval, *Centaure*, endiablé de pétulance et jaune de pelage, rappelle le premier cheval de d'Artagnan à ses débuts.

Les Boulle nous suivent. Ce sont des soldats d'infanterie de marine, jeunes pour la plupart, insouciants et gais. Dans la liberté de cette marche militaire, ils fument ou mordillent des feuilles de niaouli qui rafraîchissent le palais et trompent la soif. Beaucoup ont des baguettes à la main. Les jeunes soldats, quand ils traversent un bois, coupent toujours une baguette. Ils n'ont jamais su pourquoi. C'est de l'instinct.

Derrière les Boulle sont les vivriers et les ambulanciers. Il y a là deux chevaux de bât avec des civières et deux ânes merveilleux, *Lucifer* et *Lucifine*, qui portent nos provisions. Les hommes sont des condamnés. Ils étaient aptes à tout dans la vie, trop aptes même, ce qui les a menés à mal. Ce sont des « larbins » qui puisaient dans la bourse de leurs maîtres, des cuisiniers trop experts dans leur art, des clercs indélicats. Ces Frontins sont venus un siècle ou deux trop tard, ou ils ont eu le tort de croire que les valets de comédie sont admis dans la vie réelle. Ils n'en excellent pas moins, — bien au contraire, — à tout ce qui est la prestesse des mains, la justesse du coup d'œil, l'ingéniosité de l'esprit. Ce sont des serviteurs dont le zèle est toujours à point, attentifs et parfaits. Grâce à eux, nos provisions s'accroissent, chemin faisant, de fruits, de légumes et des poules vagabondes en détresse autour des habitations ruinées.

Ce sont ensuite les quarante Lafond, moins jeunes que les Boulle, d'une belle tenue. Leur capitaine, sur un cheval noir, marche à leur tête.

Enfin, à l'arrière-garde, les Trinon, un détachement de vingt hommes de la 15e compagnie pris à Teremba. On les a nommés du nom de leur sergent-major. Celui-ci est un garçon jeune, vif et réfléchi tout à la fois, d'un grand sang-froid, un admirable sous-officier.

Quant aux Canalas, ils sont partout, en tête, en queue, sur les flancs. C'est à coups de sifflet, un sifflet de bord, que Servan les manœuvre et les dirige, qu'il appelle les tribus ou les chefs auprès de lui.

Le plus souvent encore, nous cheminons par des crêtes. De temps en temps, on aperçoit, au creux d'un vallon, dans un bouquet de palmiers et de cocotiers, les toits de chaume pointus d'un village. Tour à tour Vaux-Martin ou Boutan me demandent la permission d'aller le brûler. Les cavaliers descendent alors au galop les inclinaisons du terrain et disparaissent sous bois. Bientôt s'élève du fourré une épaisse fumée noire qui, brillamment, se change en vastes flammes. C'est le village qui brûle. La paille pétille, les grands cocotiers se tordent et noircissent, les bambous qui éclatent simulent des coups de fusil.

Les cavaliers reparaissent, font un détour dans la vallée, brûlent un autre village, remontent les pentes au galop, rejoignent la colonne, et, tranquilles comme s'ils n'avaient point fait sept ou huit kilomètres en une demi-heure, ils reprennent leur place.

D'ailleurs, point de Canaques dans ces villages. Ils ont dû les abandonner à notre vue.

Vers six heures, nous arrivons à Popidery pour y camper et y passer la nuit. C'est là qu'était l'habitation de M. de Coutouly. Nous occupons un peu au-dessus un plateau en langue de chat qui domine la mer. Il ne reste de l'habitation que des pans de mur calcinés et des débris de toute sorte jonchant le sol. Sur l'emplacement de la cuisine, il y a deux cadavres, des chairs cuites que le feu n'a pas complètement consumées. Dans le puits, une chèvre morte.

Un chien, retenu par sa chaîne qu'il n'a pu briser ; s'est étranglé dans son collier. C'est un chien jaune; il gît en avant, comme par un dernier effort, sa langue violacée pendant hors de sa gueule. Mais déjà ces horreurs n'émeuvent plus personne. On a faim et l'on va à la maraude. L'habitation sur laquelle M. de Coutouly et ses serviteurs ont été massacrés était en pleine exploitation. Il y a de nombreux légumes, des volailles et des pigeons. Servan tue des pintades. Madame de Coutouly, qui, étant à Nouméa, a été sauvée, lui en a donné l'autorisation. On va prendre de l'eau fraîche au bas du plateau. Les chevaux sont mis au paddock. On fait la soupe, une soupe excellente, et l'on dîne. La nuit descend du ciel, une nuit d'étoiles. Les fronts de bandière se sont formés. Les sentinelles veillent. Je me couche au milieu des francs-tireurs, sur un lit de feuilles et d'herbes qu'ils m'ont préparé. En contre-bas du plateau, les Canalas, qui en ont demandé la permission, font un pilou-pilou de guerre. On entend leurs piétinements sourds et leurs cris, on les voit grimaçants, avec leurs gestes de menace et de combat, passer et repasser devant les feux qu'ils ont allumés.

A six heures du matin, la diane. On va se remettre en route, mais il y a un retard. C'est *Quimperlé* qui en est cause. Il n'est pas facile de sauter par-dessus les barrières, elles sont trop hautes. Mais *Quimperlé* connaît les paddocks. Il ne s'agit, aux fermetures, que de faire glisser les barres dans leurs tenons, et l'on est libre. C'est ce qu'elle a fait en les soulevant délicatement avec ses dents. Les autres chevaux l'ont suivie. On en prend quelques-uns, des innocents. Les stockmen les montent à poil, poursuivant les autres.

Quimperlé promène longtemps les stockmen, a l'air de se laisser prendre, fait volte-face au galop, en décochant des ruades, entraîne avec elle ce qui lui reste de compagnons. Il faut que Boutan, ce centaure, s'en mêle avec son grand fouet. Tout rentre dans l'ordre.

A peine avons-nous fait un kilomètre que, sous de grands arbres, on me signale un cadavre. Nous perdrions du temps à le brûler. Je dis de passer outre.

Boutan s'approche de moi. C'est le frère d'un de ses cavaliers, un Anglais. Nous faisons halte. M. M... est devant le cadavre de son frère, un associé de M. de Coutouly. Il est debout, la tête découverte, silencieux, recueilli, les yeux humides. Le corps est là, tout raide, dans une vareuse bleue, lui aussi, la tête fendue.

On amoncelle sur lui de légers branchages d'abord, puis du gros bois, et on le brûle.

A midi, nous nous arrêtons pour déjeuner à la maison Daroux. C'est à peu près à mi-chemin de Popidéry à Bouloupari. Là aussi, il y a des cadavres et des débris. En me promenant avec Duliscouet, nous trouvons à quelque distance de l'habitation détruite, derrière des buissons, une barrique d'eau-de-vie debout et pleine. L'eau-de-vie déborde même par la bonde, qui n'est pas en place. Notre crainte est que les Canalas ne la trouvent, et je dis à un caporal d'aller chercher quelques hommes pour la tirer de là et la monter à l'endroit où sont les troupes. En attendant que les hommes arrivent, nous gardons la barrique, le docteur et moi. Quelques Canalas rôdeurs surviennent, puis d'autres. Ils sont émus à la vue de la barrique, trempent un doigt dans l'eau-de-vie, le sucent, l'y trempent encore. Ils nous sourient, nous sollicitent du regard et à demi du geste pour que nous les laissions boire. Les voilà quinze, ils se voient en nombre, ils deviennent d'une mimique pressante, aimable encore, farouche déjà. Il ne saurait y avoir rien ni personne entre un sauvage et son désir. Heureusement les soldats arrivent, roulent la barrique.

A la fin du déjeuner, on distribue un petit verre d'eau-de-vie à chaque homme de la colonne et à chaque Canala. La barrique n'est que bien peu entamée. Je la fais renverser. Elle se répand à pleins flots sur le sol. Les Canaques poussent un cri de surprise et de regret presque indigné. Comment est-il possible qu'on fasse une chose pareille? Je fais se déchausser les hommes qui ont les pieds fatigués ou malades, et longuement ils les trempent et les lavent dans les flaques d'eau-de-vie. Les Canaques regardent cela en hochant la tête.

On se met en marche, et, sans autre incident que

de brûler les villages et de passer à côté d'habitations de colons incendiées et pillées, la colonne expéditionnaire arrive vers cinq heures du soir à Bouloupari.

IX

LE CAMP A BOULOUPARI. — LE RETOUR A LA FONWARI. —
LES EXPÉDITIONS SOUS BOIS.

A peine étions-nous arrivés à Bouloupari que nous eûmes une alerte. Un cavalier accourait à toute bride de la brousse. C'était un cavalier Moriceau. M. Moriceau, ancien officier de marine, avait amené en effet à Bouloupari, comme Boutan à Uaraï, un certain nombre de volontaires à cheval qui l'avaient pris pour chef. Ce cavalier apportait la nouvelle qu'à trois kilomètres du poste et dans les bois qui l'environnent, le capitaine d'infanterie de marine de Joux était entouré par les Canaques. Le capitaine était parti le matin en reconnaissance avec une vingtaine de ses hommes et quelques cavaliers Moriceau. Il revenait à la fin de la journée, quand les Canaques, au nombre de deux à trois cents, surgirent de toutes parts. Il les écartait à coups de fusil; mais les sauvages, se baissant et se relevant avec une prestesse étonnante, ou s'effaçant derrière les niaoulis, n'étaient pas atteints. Ils avaient quelques fusils et quelques revolvers et venaient, en tuant un cheval, de démonter un cavalier. Ce succès les enflammait d'ardeur; s'enivrant, selon leur habitude, de leurs cris et de leurs piétinements, et brandissant leurs armes, ils rétrécissaient leur cercle autour de la petite troupe. C'est le moment redoutable, car ils s'élancent alors tous à la fois avec une impétuosité qui ne recule plus. De Joux, serré de près, faisait bonne contenance. Mais dans ces bois déjà obscurs, les approches de la nuit l'inquiétaient.

Voilà ce que me dit le cavalier. J'avais sous la main mes dix-huit francs-tireurs; je dis à Maréchal, qui les commandait, de partir avec eux, et tout aussitôt ces braves gens, oubliant la fatigue de leur longue marche, s'élancèrent au pas de course. Une heure plus tard, ils revenaient avec de Joux, qu'ils avaient rencontré à la sortie du bois et qui s'était dégagé tout seul.

Bouloupari est sur un plateau ou plutôt sur deux plateaux qui se rejoignent, au même niveau, par un chemin étroit bordé d'arbres. Sur le premier plateau, du côté de Nouméa, est le poste proprement dit, la gendarmerie, le télégraphe, les magasins de vivres; sur l'autre, d'où l'on domine la route que nous avions suivie, est le camp des transportés. A la gendarmerie, je trouvai le capitaine de frégate Caillet avec cent matelots du *Tage* et dix artilleurs sapeurs. Le capitaine de Joux, avec quarante soldats et les cavaliers Moriceau, occupait le pénitencier. C'est ce terrain, alors dégarni de troupes, que les Canaques avaient traversé en courant le 26 juin pour y porter le meurtre et l'incendie. Il était désormais préservé de semblables hasards.

Dès l'arrivée, le premier souci des soldats déjà industrieux avait été de se faire des abris. C'étaient des branches d'arbres coupées droites et qu'on enfonçait en terre, celle de devant d'un mètre de hauteur, celle de derrière presque au ras du sol, et sur lesquelles on disposait un toit de feuillage. La face ouverte se présentait au dehors du camp. C'est là que les hommes passeront la nuit. En campagne et dans les circonstances où nous sommes, un soldat doit dormir avec son fusil dans les bras comme une maîtresse. On a bien fait de se hâter pour les abris, car la pluie tombe à torrents pendant toute la soirée.

Ma première préoccupation fut celle des vivres. Bouloupari a son port dans la baie Saint-Vincent : c'est Bouraké. Il y a là un poste de quelques hommes, un môle et un magasin. Les navires mouillent devant l'établissement. Une route de dix-huit kilomètres, praticable aux voitures, va de Bouloupari à Bouraké.

Tous les matins, six charrettes, attelées chacune de seize condamnés, allaient à vide à Bouraké et, par un soleil brûlant, en revenaient chargées de vivres. En arrivant, après avoir fait ces trente-six kilomètres, les attelages n'en pouvaient plus. La sueur ruisselait de leurs membres. Les hommes les plus vigoureux étaient mornes, épuisés. D'autres avaient la poitrine haletante et qui sifflait. Il y en avait de blessés par les cordes de trait aux épaules, ou avec des plaies aux jambes que la fatigue avait creusées et la poussière du chemin envenimées. Le docteur pansait les plus malades. C'était un triste spectacle et alarmant, car il fallait recommencer le lendemain. Toutefois, depuis que cette corvée se faisait, la nourriture avait été plus abondante.

Or, par un malentendu de l'administration, l'ordre arrivait, dès le 9 juillet, d'en revenir à l'état ordinaire, c'est-à-dire de ne donner que cinq repas de viande par semaine au personnel libre, et trois aux condamnés. C'était insuffisant pour tous, car à la guerre il faut que la ration soutienne bien le courage, mais surtout pour les derniers. J'écrivis aussitôt au gouverneur qu'avec ce que j'exigeais des transportés j'avais besoin pour eux de deux repas de viande par jour, de trois cents grammes chacun. Si ce n'étaient les hommes, c'étaient les muscles de ces bêtes de somme humaines qu'il fallait nourrir. J'ajoutais que les Canaques sagayaient les bœufs dans la brousse. Nous en avions trouvé deux percés de sagaies.

La réponse du gouverneur ne se fit pas attendre. Il m'autorisait à agir comme je le voudrais. Il y avait aussi un débarcadère, par une route praticable, à deux kilomètres seulement de Bouloupari. De la baie de Saint-Vincent, on remontait avec la marée à ce débarcadère par la petite rivière de Voga. Je fis marché avec un fournisseur pour qu'il amenât par là trois jours de vivres par semaine. Cela diminuait d'autant les écrasants voyages de Bouraké. La Voga avait, il est vrai, des rives de palétuviers d'où les embuscades et les coups de fusil étaient faciles, mais nous commencions à moins croire à l'audace des sauvages.

Ils se livraient cependant à des bravades. Vers le soir, à deux ou trois kilomètres du poste, ils incendiaient des maisons ou même des paillotes qu'ils avaient négligées jusque-là. On les voyait confusément à la lueur des flammes, et ils poussaient des cris. Peut-être était-ce une ruse pour nous attirer à leur poursuite. On désigna de bons tireurs, et les balles des chassepots produisirent sans doute leur effet. Les incendies cessèrent. Il y eut mieux.

La maison Chardat était à quatre kilomètres de distance dans la brousse. Servan me demanda d'aller s'y embusquer avec quinze soldats. Pendant la nuit, il ne se passa rien. Au petit jour, Servan, sauf à revenir sur ses pas, sortit ostensiblement de la maison avec douze de ses hommes. Il y avait laissé le sergent Crinon et deux soldats. C'est alors que des Canaques s'approchèrent. Le chef était en tête, une torche à la main. Crinon, qui s'était posté à une fenêtre entre-bâillée, attendit qu'il fût à trois pas, et de la balle de son fusil lui cassa le crâne.

D'ailleurs, presque tous les jours, de grand matin, Servan partait avec ses Canalas, des cavaliers Boutan ou Moriceau et un détachement de marins ou de soldats. Nous pouvions suivre sa marche aux villages qu'il brûlait. Il opérait contre les tribus de la Ouameni, contre les Owi et les Koa du côté de Thio. Parfois il surprenait et tuait quelques Canaques, rarement. Les sauvages se dérobaient. Un certain nombre, même de ceux qui avaient notoirement pris part aux massacres, se réclamaient des missionnaires ou, promettant de se convertir, sollicitaient leur protection. C'est ainsi que je dus écrire à un Révérend Père. Je lui disais que je comprenais la sollicitude qu'il portait à ses ouailles, que je comprenais aussi son zèle de prosélytisme et ses espérances à l'endroit des païens, mais que, précisément parce que je comprenais tant de choses, je le rendais absolument responsable de ce qui se passerait sur son territoire. Néanmoins, tout semblait indiquer que le gros des sauvages se réfugiait et se fortifiait au Ouitchambô. C'est, à quelques kilomètres de Bouloupari, une haute montagne aux contreforts nombreux, aux pentes abruptes et toutes couvertes

LA FORÊT S'OUVRAIT DE LA SORTE.

de bois. C'est là que devaient se concentrer les efforts de l'attaque et de la défense.

Cependant les troupes qui n'expéditionnaient point s'occupaient sans relâche de travaux divers. Mais c'est quand on a le plus à faire qu'on fait le plus. On transportait sur le plateau de Nouméa, où l'espace était suffisant, le camp des condamnés. Les baraques se démontaient, venaient sur des charrettes ou à dos d'homme, se réédifiaient. Tout autour du poste, les niaoulis tombaient sous la hache, on en faisait la palissade. Le gouverneur avait l'intention de construire un poste à la maison Daroux. De Bouloupari à Daroux, en ligne droite, pendant huit kilomètres, il n'y a que des bois. Le commandant Olry m'écrivit à ce sujet qu'il y avait lieu d'ouvrir à faux frais la route qui, du reste, était projetée depuis longtemps et que des jalons indiquaient. Qu'est-ce que c'est que d'ouvrir une forêt quand on est en train?

On s'y jeta aussitôt et tous les jours, avec cent transportés et cent soldats et marins. Neigre, un géomètre, et Koch, un agent des ponts et chaussées, que j'avais trouvés à Bouloupari, traçaient les bords de la route, maintenaient l'alignement des jalons. Du matin jusqu'au soir les arbres s'abattaient sous la cognée ;

des feux d'incendie qu'on allumait dévoraient les repaires et les fouillis d'herbes et de végétation, calcinaient les troncs et les racines. Aux ravins ou aux cours d'eau, on biseautait les talus juste ce qu'il fallait pour qu'un chariot de bœufs pût les descendre et les remonter. La forêt s'ouvrait de la sorte, quand nous apprîmes qu'une route coudée, mais qui n'avait que deux kilomètres de plus de parcours et qui était praticable aux voitures, allait de Bouloupari à l'établissement d'un colon, M. de Touris, sur la Ouameni, et de l'établissement à la maison Daroux. On suspendit le travail, qui n'avait plus sa raison d'être immédiate, mais qui se trouvait ainsi à demi préparé pour d'autres temps.

Il y avait eu une grande promiscuité dans la besogne. Les soldats, les marins et les condamnés avaient travaillé ensemble. Non point tout à fait ensemble, car chacun avait sa tâche à part, mais dans la même atmosphère d'efforts tentés et de résultats conquis. En campagne, d'ailleurs, il n'y a point à s'occuper de ces vétilles, il faut aller droit devant soi. Les Anglais le comprennent bien ; ce sont des gens pratiques.

Un jour, le lieutenant de Moriceau se trouve seul au camp avec sept cavaliers. Ce lieutenant,

Saxton, long et sec, est, dit-on, l'homme le plus fort de la Nouvelle-Calédonie. Il saisit un bœuf par les cornes et l'abat sur le sol. Ce jour-là, il voudrait aller à Thio. C'est loin et en plein pays insurgé. Ils ne sont que huit cavaliers en tout ; c'est peu. Le danger pour ces petites troupes, c'est d'avoir un blessé. Je voudrais qu'ils fussent au moins dix. D'ailleurs, les deux hommes que je leur adjoindrais, en les armant, connaissant le pays, leur serviraient de guides. Ce sont deux condamnés qui se sont présentés, un écuyer de cirque et un domestique qui montait à cheval. Je dis à Saxton : « Est-ce qu'il vous répugnerait d'avoir ces hommes-là? — Mais non, s'ils se battent bien », me répondit-il de sa voix calme. Ils furent aussitôt incorporés en camarades parmi les autres. Il est vrai que la camaraderie anglaise, très froide, ne s'engage pas à grand'chose.

J'eus quelques ennuis sur un autre terrain. Avec nos marins, nous faisons tout. Ils se battent, manœuvrent leur navire, le chargent et le déchargent, se prêtent à toutes les corvées. Ils nettoieraient avec tranquillité les écuries d'Augias. Dans l'armée, il n'en est point de même. Le premier jour où s'amorçait la route de Bouloupari à Daroux, je commandai pour le travail un officier et vingt hommes. L'officier vint à moi, très ému. Les soldats, selon lui, ne devaient manier que le fusil. — « Mais, lui dis-je, quand il s'agit, en temps de guerre, de s'ouvrir une forêt, la hache est aussi noble que le fusil. » Il n'était pas convaincu. « Du reste, ajoutai-je, j'y vais moi-même avec mes matelots. » J'y allai, en effet, avec les francs-tireurs. A quelques jours de là, pendant le défrichement, je m'aperçus que cet officier avait la même attitude mécontente. Cela m'impatienta, je descendis de cheval et j'allai à lui. « Voyons, lui dis-je en le prenant par le bras, nous avons eu ensemble d'excellents rapports à Nouméa. Ce ne peut pas être cette forêt qui vous importune à ce point. Il y a autre chose. — Eh bien! oui, c'est que vous faites tout pour la marine et rien pour l'infanterie de marine. — A la bonne heure ! nous y voilà. Mais en quoi ? — Tous ces jours-ci, il y a eu des expéditions. Vous les avez toujours données à M. Servan, quoiqu'il y ait au camp des capitaines plus anciens que lui. — C'est que ces expéditions se font surtout avec les Canalas, que Servan les manie très bien, qu'ils ont confiance en lui et qu'il y aurait peut-être inconvénient à les mettre sous les ordres d'un autre officier. Je n'ai en vue que le bien du service et je désirerais vous en voir persuadé. En voulez-vous

deux preuves? — Volontiers. — C'est Vanauld qui
est à Teremba. Je lui ai laissé une lettre par laquelle
je lui enjoins de ne céder son commandement à aucun officier d'un grade supérieur au sien, quel que
soit ce grade. C'est que Vanauld, par ses qualités, est
absolument l'officier qu'il me faut à Teremba. Et, si
j'ai fait cela, c'est surtout contre les capitaines de bâtiments qui pourraient vouloir le supplanter. — Et le
second exemple? me dit plus doucement mon interlocuteur. — Vous êtes aussi difficile à persuader que
saint Thomas. La seconde preuve, et c'est une demi-confidence que je vous fais, la voici : Ce matin encore, Servan est parti en expédition. Il a avec lui
Maréchal et un enseigne de vaisseau qui est plus ancien de grade que Maréchal et à qui le commandement reviendrait de droit si Servan était blessé. Or
Servan peut l'être, car on pousse jusqu'au Ouit-chambô, et il peut se produire des incidents. Eh
bien, Maréchal a dans sa poche l'ordre écrit de moi
de prendre le commandement. C'est que je le crois
plus capable de l'exercer que ne le serait l'enseigne. Vous voyez donc que l'infanterie de marine a sa
part de ce que vous appelez mes préférences et de ce
qui n'est que l'appréciation, aussi juste qu'il m'est
possible de l'avoir, des exigences du moment et du

mérite de chacun. » Je tendis la main à l'officier qui me la serra. Je l'avais convaincu, à peu près.

Si j'ai rapporté cette conversation, c'est que j'écris des souvenirs qui me sont personnels, c'est aussi parce que je crois qu'à la guerre il ne faut jamais envisager que le but à atteindre sans se préoccuper outre mesure des personnes et des positions. S'il y a à choisir un officier, ce doit être, avant tout, celui qui a le plus de chances de réussir. Le grand art, il est vrai, consiste à ne point froisser celui qu'on évince, On peut y parvenir avec des égards et de la courtoisie et en lui attribuant d'autres fonctions dont on grandira l'importance et qui cadreront avec sa nature d'esprit ou son genre de mérite. Il sera bientôt satisfait, parce qu'il s'y mouvra à l'aise. Dans les circonstances d'une campagne, il y a des postes pour tout le monde et pour toutes les aptitudes. La malice d'un général est de mettre chacun à sa place.

Le 18 juillet, conformément à l'ordre que j'en reçus du gouverneur, nous nous mîmes en route pour retourner à Uaraï. Le départ eut lieu à une heure de l'après-midi. La colonne était disposée dans le même ordre qu'à l'arrivée. En passant la rivière au bas de l'ancien camp des transportés, *Quimperlé* me joua un de ces tours qui lui étaient familiers. Elle s'était arrêtée pour boire, ayant de l'eau jusqu'au ventre. Tout à coup je la sentis fléchir des quatre jambes. Je pensai qu'elle était vieille et que j'étais trop lourd pour elle. Point du tout ; elle se baignait, et, refusant de se lever, me força de me baigner avec elle. Par cette grande chaleur, cela n'avait rien de désagréable.

Nous campâmes le soir à la maison Daroux. Le capitaine de Joux y était depuis la veille avec des soldats et des condamnés pour y construire un poste. Cet officier, très ardent et très capable, avait déjà tracé son blockhaus et creusé ses fossés. La maison lui avait fourni des ressources de différents genres. Il avait retrouvé dans la brousse une meule, des outils, des provisions, des meubles. C'est ainsi que je pus dormir dans un lit sous un abri de feuillage. Le lendemain matin, à sept heures, nous partîmes de Daroux et nous passâmes par la station Brun, que les Canaques avaient incendiée et pillée. Là encore, nous trouvâmes des cadavres qu'on brûla. Toutes sortes de débris gisaient épars sur le sol ou dans les cendres. Je me rappelle une gravure des *Natchez* dans un cadre noir, le père Aubry et Chactas enterrant Atala, et une autre, Poniatowsky franchissant l'Elster. A onze heures, nous faisions halte sur les bords de la Oua-Tom et sous de grands ombrages, pour y déjeuner.

L'appétit, aiguisé par la fatigue, la fraîcheur des bois après la marche, le repos sur la mousse épaisse, la causerie du repas, le désordre pittoresque du campement, l'imprévu de cette vie à tous hasards, rendent ces sites délicieux. On y est pour une heure dans le *far niente* et sur le qui-vive. Nous sommes à quatre kilomètres du grand village de Tom, sur la lisière du territoire d'Areki. Ce chef, dont les terres sont entourées par les tribus insurgées, avait peut-être été contraint de prendre part à la révolte. C'est lui qu'on accusait de l'incendie et des meurtres à l'habitation Coutouly.

Toutefois, depuis que les hostilités avaient commencé, on n'avait pas vu ses guerriers parmi les bandes qui couraient la brousse. Il ne bougeait point des crêtes de ses montagnes ni des retraites presque impénétrables de ses mornes et de ses forêts. Il semblait vouloir s'y tenir, dans une attitude indécise, à l'abri ou à l'affût des événements. Le grand village de Tom, celui qu'Areki habitait d'ordinaire, se trouvant près de notre halte, nous y allâmes après le déjeuner. Il était abandonné : on y mit le feu.

Le soir, nous reprîmes à Popidéry notre ancien campement. Le lendemain matin, nous nous mîmes en route pour la Foa et la Fonwari. A partir de la Foa, nous nous aperçûmes que les Canaques avaient profité de notre absence. Un pont de bois sur la route avait été brûlé ; les fils du télégraphe, coupés de distance en distance, pendaient des poteaux, étaient élongés en travers du chemin. Les chevaux s'y prenaient les pieds. Il n'y avait plus trace de la maison de madame X... Ataï avait cessé de se montrer galant. A la nuit tombante et par une petite pluie fine, nous arrivions, le 20 juillet, à la Fonwari. Le commandant Pasquier et le directeur Hayes n'y avaient pas perdu leur temps. Le mamelon du haut, puis la ferme en son entier développement étaient entourés de palissades.

Voici, en somme, quels étaient les résultats de notre excursion : nous avions traversé à deux reprises tout le pays insurgé, brûlé une centaine de villages et tué quelques Canaques. Quant à la situation générale, en apparence la même, elle ne s'était point améliorée. Canala était en sûreté, et le commandant du *Beautemps-Beaupré*, laissant son navire à Pam, s'était installé parmi les tribus du nord. Maintenues et bien traitées par lui, elles ne se livraient contre nous à aucun acte d'hostilité. Mais à Bourail et plus haut, dans le nord-ouest, où était l'habitation d'un colon, M. Houdaille, il y avait des symptômes mauvais. M. Houdaille se trouvait entre deux tribus qui se battaient pour leur compte à cause d'un enlèvement de femme par le chef de l'une d'elles. Hélène, les Troyens et la Grèce. L'autorité du chef d'arrondissement, qui avait voulu intervenir, avait été tout à fait méconnue par les tribus en armes, tandis que M. Houdaille se sentait quelque peu menacé par les deux partis en présence. On ne voyait pas trop ce qui sortirait de là. Dans notre arrondissement, les chefs des Moindous, des Moméas, des Scinguiés n'étaient plus allés voir Vanauld. Leurs Canaques ne se montraient plus, vivaient à demi dans leurs villages, à demi au delà, dans les bois, prêts à disparaître et probablement à s'insurger. Les arrondissements de Bouloupari et d'Uaraï étaient donc dans toute leur étendue en insurrection déclarée ou latente.

La première chose à faire était de rencontrer les Canaques, si on le pouvait, ou sinon de les harceler sans relâche. Dans les derniers jours de juillet et dans les premiers jours d'août, il y eut plusieurs expéditions coup sur coup. Le cœur de la révolte était la vallée de la Foa, appelée aussi la vallée de Naina, du nom du chef qui l'occupait. Là également était un grand chef, Moraï. Quant à Ataï, il y exerçait l'autorité suprême. Ses possessions, cependant, étaient ailleurs, à quelques kilomètres sur la gauche de la Fonwari, un peu vers le nord, dans une belle vallée extrêmement fertile qu'on appelait, de son nom, la vallée d'Ataï. Au-dessus de cette vallée étaient un pic et des bois habités par les Farinos, tribu, disait-on, encore indécise. Ataï et ses guerriers avaient déserté leurs villages et leurs terres pour se concentrer en insurrection dans la vallée de la Foa.

Cette vallée, que traverse la rivière de la Foa, en s'infléchissant vers le sud et en se rendant à la mer, est un inextricable fourré de végétation. C'est sous ses herbes hautes que s'enfonce le chemin du colonel. Il n'y a sous bois que des sentiers canaques où l'on est parfois obligé de passer en se courbant. Elle est coupée de ravines et de petits cours d'eau comme l'Amboa, la Fomoa et la Fonimolo, et semée de villages défendus par des barrières que consolident les fils de fer enlevés au télégraphe. Tel était ce repaire qu'il fallait fouiller avant tout.

On partait dès trois heures du matin, en pleine nuit et en choisissant de préférence les nuits sans lune. On s'organisait en colonnes dans l'obscurité, sans lumières qui eussent trahi le mouvement du camp. Les colonnes, généralement au nombre de trois, avaient leurs postes assignés au périmètre de la vallée et devaient converger de là à un même village ou à un même point. Elles avaient la même composition de soldats et de francs-tireurs. Leurs guides étaient excellents. C'étaient Neigre et Koch que j'avais amenés de Bouloupari, et Gallet, un géomètre que j'avais trouvé à mon retour à la Fonwari. Servan répartissait ses Canaques dans les trois colonnes ou agissait seul avec eux. Je faisais aussi venir des francs-tireurs, marins et déportés, de Teremba. C'était alors l'enseigne de vaisseau Le Golleur qui les commandait. Je pus remarquer, dès la première fois, ses qualités singulières de courage, de sang-froid, de résistance à la fatigue. Ce petit Breton était de bronze et d'acier. Comme il ne connaissait rien de la brousse et que Maréchal, au courant du pays, pouvait aller tout seul, je lui donnai Gallet pour guide. Lui et Gallet, qui avait six pieds de haut, s'étaient pris d'une vive sympathie l'un pour l'autre.

Au point du jour, les colonnes se trouvaient aux positions indiquées et se dirigeaient par les sentiers vers le rendez-vous. Mais toujours le lieu ou le village était désert. On brûlait le village. C'est ainsi qu'on brûla les villages de Daoux et d'Amboa. Quant aux Canaques, ils étaient insaisissables. On n'en tua qu'un. Les troupes, après s'être réunies, revenaient alors à la Fonwari, non point découragées, mais déçues et très fatiguées.

Dans l'intervalle de ces expéditions, de grandes corvées de cent soldats et de cent condamnés allaient à la vallée d'Ataï. Elles y dévastaient ou y détruisaient chaque fois, par la pioche, le sabre d'abatis ou le feu, cinq ou six hectares de plantations. Elles revenaient chargées de taros, d'ignames, de patates et de fruits et répandaient l'abondance dans le camp. Les choux palmistes, qui font une délicieuse salade et qu'on ne se procure qu'en coupant l'arbre par le pied, étaient réservés à notre table. D'ailleurs, les bœufs ne manquaient pas. Les éclaireurs à cheval allaient les chercher dans la brousse. Les 600 grammes de viande par homme et par jour, les 50 centilitres de vin, les légumes et le café plaisaient à l'appétit et entretenaient chez les hommes les bonnes dispositions d'esprit et de corps. L'église et divers bâtiments avaient été installés en casernes par les soins de Hayes. On y dormait dans des hamacs tendus, à un mètre au-dessus du sol, à des barres transversales fixées aux murs. Les soldats et les marins étaient contents. Les autres, quels qu'ils fussent, gens armés ou travailleurs, n'avaient jamais été, depuis leur arrivée en Calédonie, à une pareille aubaine de bien-être.

Je tâchai de savoir à quoi m'en tenir sur les tribus indécises. J'envoyai Boulle chez les Farinos avec un détachement et une lettre. Je disais au chef : « Pollio, si tu n'as pas pris part aux assassinats des colons, viens voir les soldats ; tu seras bien reçu par eux. » Les villages des Farinos étaient déserts. Ils les avaient abandonnés pour se retirer au delà ou pour se joindre à Ataï. Boulle plaça ma lettre en évidence à la case du chef. Les soldats, en entrant dans les cases, y trouvèrent du linge et des vêtements de colons ensanglantés. On me les apporta. Malgré cela, j'attendis Pollio deux jours. Il ne vint pas. Les Farinos avaient dû être les complices ou les receleurs des assassins. On retourna chez eux, on brûla leurs villages et on ravagea leurs plantations. J'avais envoyé aussi deux francs-tireurs vers les sauvages des environs de Moindou. Ils étaient chargés de les voir, de les rassurer sur d'imprudentes menaces que des colons avaient faites contre eux, de leur porter des assurances de paix. Mais les Moindous, les Moméas et les Scinguiés s'étaient retirés dans les bois qui séparent Moindou de Bourail. On ne put en rencontrer un seul. Leur défection, tout au moins, était consommée.

Ces résultats nuls des expéditions à la vallée de la Foa, cette autre insurrection sourde qui gagnait du terrain avant de se déclarer, constituaient un mauvais état de choses. Il fallait aviser.

X

LA COLONNE. — LES MASSACRES DE MOINDOU. — L'ATTAQUE
DU POSTE DE LA FOA PAR LES CANAQUES.

Il y avait à la Fonwari, dans le camp, un bruit qui s'accréditait. Si les expéditions ne réussissaient pas, c'est qu'elles étaient dénoncées aux Canaques. Par qui? Par des condamnés. Directement, c'eût été difficile; mais il y avait des intermédiaires. La veille ou l'avant-veille de l'insurrection, deux condamnés,

PILOU-PILOU.

Pottier et Robergeot, renommés pour leur intelligence et pour leur audace, s'étaient évadés. On supposait qu'ils faisaient cause commune avec les Canaques et les aidaient de leurs conseils. De connivence avec quelques-uns de leurs camarades du pénitencier, ils s'approchaient de la palissade pendant la nuit ou au matin et là recevaient avis des expéditions qui se préparaient ou même de celles qui se mettaient en marche. Rien, en effet, n'eût été plus aisé, et le remède n'aurait pas été commode à trouver. Il aurait fallu surveiller dans sa vaste étendue tout le périmètre de la palissade, et le danger aurait été, dans un camp si rempli d'éléments divers, de provoquer, avec la suspicion et les délations en permanence, les discordes intestines qui les accompagnent : il y avait, en conséquence, à se garder de la fiction et à n'envisager que la réalité. La réalité, c'est que la Fonwari était trop loin de l'endroit où l'on voulait opérer. Avant même de rien tenter sur la vallée de la Foa et pour se rendre aux positions, il fallait faire huit, dix et douze kilomètres. De si longues marches avec de jeunes soldats ne sont pas silencieuses. Elles amènent çà et là, quelque soin qu'on prenne, par la lassitude de l'attente, des mots échangés, quelque rire, quelque éclat de voix. Elles ont ces bruits divers, si légers qu'ils soient, qui se perçoivent dans la nuit. Le moindre espion dans la brousse en porte la nouvelle aux siens. Au moment d'agir, le soldat, déjà fatigué, n'a plus qu'un regain d'ardeur. S'il y a eu des tentatives vaines, cette ardeur n'a plus assez de confiance dans la réussite, et la réussite lui échappe.

Ce n'est pas, comme on se mettait à le prétendre, que les Canaques fussent impossibles à surprendre. On les surprenait au contraire assez aisément quand ils n'étaient pas sur leurs gardes. Nous venions d'en avoir deux exemples. A un kilomètre de la Foa, il y a le plateau de Tia, où l'on avait installé, pour la culture, un camp de condamnés concessionnaires. Les bâtiments de cette exploitation avaient été détruits par les insurgés. Toutefois, il y restait une grande quantité de maïs, et Hayes me demanda à l'aller chercher.

On partit en plein jour, à neuf heures du matin, avec des voitures à bœufs, les concessionnaires et un détachement que commandait Maréchal. Vers midi, nous y allâmes à cheval, Vaux-Martin, le docteur Duliscouët et moi. Le maïs avait été ramassé et chargé sur les voitures; on se reposait. Le plateau de Tia est strictement fermé par des bois; d'un seul côté, il s'étend par une pente douce et libre, de plusieurs centaines de mètres, jusqu'à sa lisière de verdure. Sous cette verdure est le village canaque de Tia. Nous le croyions abandonné. Maréchal me proposa de le brûler. Il partit. Ses hommes causaient entre eux, ne prenaient aucun soin de se cacher. A sa grande surprise, Maréchal, en arrivant au village, y vit les sauvages. Eux aussi faisaient leurs provisions. Leur grand chef de guerre, qu'on reconnut, se courbait et remplissait sa corbeille de taros. Quoiqu'on le vît de dos et que dans sa position il présentât une cible favorable aux tireurs, on fit feu à la fois et si précipitamment sur lui qu'on le manqua. Il bondit sous bois, et ses Canaques le suivirent. Il est probable qu'ils nous avaient vus sur le plateau en train de récolter le maïs et que, dès lors, ils ne s'étaient plus occupés de nous.

Une autre fois, il y avait eu une petite affaire entièrement inattendue. Servan était retourné à Canala avec nos alliés, mais il nous avait laissé Maurice et une vingtaine de guerriers. Un jour, à deux heures de l'après-midi, Maurice était parti en reconnaissance sur des collines boisées qui s'étendent vers la vallée d'Ataï. Il revint presque aussitôt. Il avait découvert, en effet, des Canaques occupés à la récolte et dont les sentinelles ne veillaient pas. Si on lui donnait un chassepot pour lui et six francs-tireurs pour soutenir ses Canalas, il se faisait fort de surprendre les révoltés. Il eut un chassepot, trois marins et trois déportés, et repartit. Sa petite troupe se glissa si bien dans les herbes, qu'elle arriva sans être vue à la première sentinelle. Celle-ci rêvait. Maurice l'abattit d'un coup de hache. On parvint à la seconde, qui fut expédiée de même. Alors, il est vrai, les Canaques eurent l'éveil.

Ils étaient plus nombreux qu'on ne l'avait pensé. Ils se mirent en hurlant à danser autour des Canalas et des francs-tireurs, qu'ils enserrèrent d'un cercle de plus en plus étroit. Les francs-tireurs s'étaient adossés les uns aux autres, et faisaient feu de leur mieux. Mais les Canaques, selon leur habitude, se baissaient et se relevaient avec une telle prestesse, qu'on les atteignait peu. C'est là que, pour la première fois, les francs-tireurs apprirent à saisir le moment favorable. Quant aux Canalas, ils se troublaient. Et pourtant, s'ils se débandaient, ils étaient perdus et les francs-tireurs écrasés. Maurice vit cela, et, se tournant vers les sauvages : « Hé ! vous autres, faut pas mollir ; le premier qui fiche le camp, je lui envoie un coup de fusil. » C'était dit en canaque ; il me le redit ainsi en français. La situation toutefois était critique. Heureusement, pendant que Maurice avait gravi tout droit la colline, un détachement que conduisait Maréchal l'avait contournée pour prendre les Canaques à revers. Maréchal se hâta au feu et arriva. Il était temps! Maurice et les francs-tireurs furent dégagés, et, bien que les révoltés prissent la fuite à toute vitesse, on put en rejoindre quelques-uns avec des balles.

Ces rencontres prouvaient que les Canaques n'étaient pas insaisissables. Il ne s'agissait que de les avoir à sa portée, et, pour cela, de déplacer de la Fonwari à la Foa le point de départ des opérations. Je demandai au gouverneur, qui me l'accorda, la permission d'établir un poste à la Foa. Ce furent Lafond et Koch qui furent chargés de cette besogne. Je partis avec eux, le 12 août, pour choisir l'emplacement.

A la sortie de la ferme, la route de la Fonwari à la Foa contourne pendant quatre kilomètres environ des collines dénudées et traverse sur des ponts de bois de petits torrents. Elle arrive alors à la rivière de la Fonwari. C'est un large cours d'eau limpide, sur un fond de sable fin et de cailloux blancs. On la passe à gué. Toutefois les grandes pluies, en moins d'une heure, la grossissent à un mètre ou deux de hauteur et la précipitent en l'étalant sur ses rives.

Au delà de la Fonwari, la route, pendant trois kilomètres encore, se continue, bordée de broussailles, de cactus, de bananiers et de lauriers-roses, parmi des champs de maïs et de cannes à sucre. On y voit éparses les maisons incendiées des concessionnaires. De distance en distance, il y a des monticules de sable rouge ou d'épais blocs de verdure que le défrichement n'a point fait tomber. Là se trouvent des lianes rares, de belles fougères, une sorte de liège entourant des arbres de haute futaie, des bancouliers, des banians, des pandanus, des papayers, des orangers, des citronniers, des figuiers canaques et le faux acajou ou arbre à goudron, d'où suinte un liquide noir qui fait enfler la peau à son contact. On parvient ainsi aux deux habitations de madame X... et de M. Lauzanne qui se faisaient face, l'une à droite l'autre à gauche de la route. Elles ne sont plus que des cendres au ras du sol.

A partir de là et pendant les deux derniers kilomètres, ce ne sont plus que des bois de niaoulis. Enfin on laisse, sur la gauche, la gendarmerie détruite, et, quittant la route, on gravit un mamelon où était un camp de transportés. Il y a encore le four et une maison intacts. C'est ce mamelon que nous choisîmes. Il domine la rivière de la Foa, qui coule à ses pieds, et toute la vallée de Naïna. Il commande aussi les deux routes de la Foa à la Fonwari, et de la Foa à Canala. On y est au centre même de l'insurrection, et, dès qu'on descendra sous bois dans la vallée, on pourra, du premier élan, l'y saisir corps à corps. Tout est propice à la construction du poste, les niaoulis et les bancouliers en abondance. Le bancoulier est un bois doux, qui ne dure pas, mais qui est facile à travailler. Cela seul importe, car il faut faire très vite. Il y a aussi dans les environs, dressées en charpente équarrie, des maisons de concessionnaires. Il n'y a qu'à les prendre, à les démonter et à s'en servir. C'est autant de fait pour le blockhaus.

Nous en traçons aussitôt les limites et celles de la palissade. Il est convenu avec Lafond que, sauf le blockhaus, on ne fera rien de jointif. Cela perdrait du temps. Des pieux en terre, pour la palissade, suffisent contre des sauvages. On est au 12 août; il faut que le 24 tout soit prêt, le blockaus debout, sinon achevé, pour abriter et loger les hommes, la palissade en place. Lafond aura ses soldats de la 7e; Koch, cent travailleurs pris parmi les condamnés d'État. La Fonwari se chargera des convois de vivres, et ce qui restera de transportés et de troupes débroussaillera la route sur tout son parcours, de manière que les convois puissent passer sans avoir trop à craindre des embuscades. Cette perspective de rapidité sourit à tout le monde, à Lafond surtout et à Koch. Ils me promettent que le poste sera prêt pour le 24 août.

Dès le lendemain, on est à l'œuvre. Les Canaques ont dû assister invisibles à nos dispositions sur le mamelon. Ils ont, en effet, brûlé le four et dispersé ou brisé des outils qu'on avait retrouvés et mis en tas sous un petit hangar. Déprédations puériles. Cependant, les premières nuits, il n'y a à dormir que la moitié des soldats. A défaut de la palissade en bois, il est bon d'avoir une palissade vivante. Évidemment aussi, les Canaques se sentent menacés, s'inquiètent, se concertent, se préparent à un grand coup. Leurs feux augmentent chaque nuit dans toutes les directions, se rapprochent du poste qu'on construit, l'enveloppent. Il y a, dans le silence et dans les ténèbres, les grandes rumeurs des pilous-pilous.

Mais il faut beaucoup de temps aux sauvages pour prendre une résolution. Ils délibèrent encore, que la palissade s'achève. Pourtant il court ce bruit singulier que le poste sera attaqué le 24. Les soldats et les travailleurs se le disent et, au fur et à mesure que les jours s'écoulent, se le répètent et se l'affirment. D'où vient ce bruit-là ? On ne le sait. Qui l'a fait courir ? Personne. On n'a aucun rapport avec les Canaques. Les Canalas sont partis. Il existe néanmoins, sans origine et sans preuves. J'en plaisante avec Lafond et avec Koch, qui se font manœuvres et qui activent le travail. « Eh bien, me dit le capitaine, ces sauvages, on les recevra. »

En même temps que ce poste de la Foa, j'ai une autre préocupation : c'est d'avoir, pour opérer contre les sauvages, non point des colonnes, mais une seule, une vraie. Les soldats sont braves, disciplinés, excellents ; mais la plupart sont trop jeunes, ont besoin d'être endurcis à la fatigue. Avec la bonne humeur gaie, un peu légère de leur âge, ils ne prennent pas assez au sérieux cette guerre de circonspection, de ruses et d'efforts qui doivent se tendre jusqu'à se rompre, sans se rompre. J'aurais voulu des hommes faits, brisés à toutes les ronces de la brousse et peut-être aux misères de la vie, d'une résistance froide et qui se prolongeât aux privations de tout genre et à l'obstacle quel qu'il fût, des partisans et des coureurs de bois. J'en avais un noyau déjà dans les francs-tireurs. Les marins, pris parmi les meilleurs de la *Vire*, n'étaient plus trop jeunes. Presque tous avaient trente ans. La mer les avait trempés aussi, âme et corps, à ses durs labeurs. Les déportés, eux, avaient de trente à cinquante ans. C'étaient d'anciens soldats en France, des pionniers et des bûcherons en Nouvelle-Calédonie. Toutefois, douze marins et six déportés, ce n'était pas assez. Je me fis envoyer par Le Golleur, qui les choisit, six autres marins et six autres déportés de Teremba. Cela me faisait trente francs-tireurs. Je leur voulus une annexe : des hommes d'une autre espèce, qui prendraient quelque chose de leurs qualités, mais plus qu'eux encore familiarisés avec la brousse, des sortes de fauves à lancer plus vite encore sur les Canaques dans les halliers. J'avais remarqué quelques-uns de ces hommes que le colonel avait armés, d'autres qui nous avaient servi de guides. J'armai résolument vingt condamnés, de ceux que me désigna Hayes, non comme les mieux notés, mais comme les meilleurs à employer. Ils s'appelèrent les éclaireurs de la brousse ou plutôt, peu après, les Mercury, du nom du surveillant qui les commandait, un brave homme. Les Mercury furent aussitôt

soustraits au régime du pénitencier, eurent leur case
à part et la ration d'hommes armés. Quant aux
francs-tireurs, je les soignai comme on fait d'un
corps d'élite à qui l'on donne un peu, auquel on
demande tout. Ils eurent, comme les soldats, leur
caserne pour y dormir, mais six d'entre eux, chaque
nuit, couchaient tout habillés dans le kiosque, près
de la maison du directeur. C'était le peloton d'alerte.
Le jour, ils campaient et prenaient leur repas, même
le café du matin, sous la véranda, près de ma fenêtre. Là, ils se rattrapaient du silence des marches,
bavardaient comme des pies, faisaient des festins
homériques de bœuf et de légumes dans une immense marmite en fonte et fumaient à discrétion les
cigares et le tabac de la fokola. Cette herbe étonnante, cultivée et fabriquée à la ferme, baptisée du
nom de Fokola-Havane par l'agent de culture, avait
terrassé, les rendant pâles et débiles, les plus intré-
pides fumeurs. Elle faisait les délices des francs-
tireurs. J'avais adjoint à ceux-ci, pour que rien ne
leur manquât comme appel dans la brousse, un
clairon de la 5ᵉ compagnie, Duteich. Il avait la poitrine large, aussi puissante qu'un soufflet de forge.
Il était petit et trapu, avec des jambes arcs-boutées
et solides au sol comme les pattes torses d'un basset.

Sa physionomie avait une douceur intrépide et naïve.
La colonne existait.

Tout à coup, le lundi 21 août, à quatre heures du soir, un cavalier que m'envoie Vanauld arrive de Teremba avec son cheval blanc d'écume.

Les Canaques attaquent et incendient Moindou. Cela me paraît bien exagéré. Justement, c'est l'heure de l'inspection, et les francs-tireurs sont sous les armes. Maréchal est avec eux. Je lui dis : « Prenez-les et allez mettre de l'ordre là-bas. Aussitôt que ce sera fait, vous m'enverrez un courrier. » Maréchal part. Il est à peine cinq heures et demie que je reçois de ses nouvelles. Les francs-tireurs n'ont mis que trente-cinq minutes à parcourir huit kilomètres. D'ailleurs, à leur arrivée, tout était terminé. Les Canaques n'avaient fait qu'une irruption rapide aux abords de Moindou. Ils avaient surpris et massacré dans les champs, sur place, six colons, brûlé quelques paillottes, et avaient disparu. Les colons du village, pris au dépourvu, s'étaient réunis en armes trop tard. Maréchal me demandait ce qu'il avait à faire.

Cette échauffourée de Moindou me donnait de l'humeur. Je n'avais jamais été très partisan de l'armement de ces gardes nationaux. Je savais qu'ils n'obéissaient qu'imparfaitement à M. de Laubarède, qu'au mépris de ses prescriptions ils se rendaient à leurs cultures un par un, deux par deux et non en petite troupe armée, qu'ils allaient au cabaret, qu'ils avaient commis des imprudences de menace envers les sauvages qui étaient leurs voisins et dont la neutralité, toute douteuse qu'elle fût, eût été utile à conserver. Mais, en somme, ils étaient quatre-vingts fusils. J'écrivis à Maréchal que, sauf l'approbation du gouverneur, je le nommais commandant de Moindou, avec de pleins pouvoirs civils et militaires ; qu'il avait à en prévenir M. de Laubarède, à fermer les cabarets et à réduire immédiatement de quatre-vingts à quarante le nombre des colons armés. Il garderait ainsi les meilleurs et se débarrasserait des mauvais et des médiocres qui n'auraient plus que la ration sans vin. Moins on boirait, mieux ça vaudrait. Je lui donnais vingt soldats d'infanterie de marine. J'étais bien sûr que, sous la main rude de Maréchal, tout allait rentrer dans l'ordre et marcher pour le mieux. Puisque les Canaques venaient de se déclarer en insurrection par ces assassinats où ils excellent, il n'avait plus à s'inquiéter d'eux que pour les combattre et les pourchasser à outrance.

Le lendemain matin, j'allai à Moindou. Les quarante hommes que Maréchal avaient maintenus dans les rangs étaient sous les armes. Ainsi réduits, ils étaient de bonne mine et n'avaient point une attitude trop confuse de ce qui s'était passé la veille. A les voir, il n'y avait de reproches à faire qu'à ceux qu'on avait congédiés. Je leur dis qu'ils allaient courir sus aux Canaques et brûler leurs villages. Ils parurent enchantés et partirent immédiatement avec Maréchal. Pendant qu'ils étaient dehors, nous allâmes, à quelques-uns, chercher les corps de trois victimes restés dans la brousse. Nous les trouvâmes au bord de leurs cultures ou au seuil de leurs anciennes paillottes. Dans leurs vêtements de travail, dont on ne les avait pas dépouillés, ils étaient étendus sur le dos, à plat sol, la tête, comme d'habitude, fendue d'un coup de hache. Par la chemise ouverte on voyait leurs poitrines velues ; les jambes étaient légèrement écartées, les bras jetés à angle droit, loin du corps. Tout cela sans crispations, rigide et calme. La mort les avait surpris, immobilisés. Ils étaient encore, si cela se peut dire, dans la plénitude de leurs forces éteintes. On les mit sur des brancards de feuillage et on les ramena vers Moindou.

Il y avait le grand soleil de midi. Les hautes

herbes nous frôlaient par le sentier étroit ; les bois que nous côtoyions avaient une ombre noire que le regard ne pouvait sonder. Quel joli pays, et que les Canaques auraient eu raison, pour eux, de s'y embusquer plus souvent ! Heureusement pour nous qu'ils n'y songeaient pas. En entrant à Moindou, nous aperçûmes dans la brousse des colonnes de flammes et de fumée. C'étaient les villages canaques du grand et du petit Moindou, de Moméa et de Scinguié qui brûlaient à la fois. Maréchal faisait bien les choses.

Maréchal de retour, et les vingt soldats que je lui avais promis étant arrivés de la Fonwari, je partis avec les francs-tireurs pour Teremba. J'y trouvai un sous-lieutenant d'infanterie de marine et un canon de 4 que j'avais demandés au gouverneur. Le sous-lieutenant était destiné à remplacer Le Golleur, que je désirais attirer à moi, et le canon au poste de la Foa. Le commandement des francs-tireurs étant vacant par la nouvelle situation de Maréchal, je le donnai à Le Golleur, et, dans l'après-midi, nous repartîmes pour la Fonwari avec le canon. Ce petit canon de 4 n'avait l'air de rien ; mais, avec son affût sur deux roues, ses boîtes à obus et son brancard, il était très lourd. Un gabier qui était aussi large que haut se mit la bricole aux épaules dans le brancard ; d'autres tirèrent les cordes qui se crochent aux pitons des essieux. En terrain uni, cela roulait bien ; aux montées il y avait du tirage. Ce petit canon faisait leur joie. Le lendemain, pour le conduire à la Foa, on y attela un âne. Ce fut bien plus gai encore. Aux pentes raides, on soulevait dans ses bras le canon, l'affût et l'âne tout ensemble.

Le 24 août, ainsi que Lafond et Koch me l'avaient promis, le poste de la Foa pouvait être considéré comme terminé. Le blockhaus abritait les hommes, et la palissade était en place. Elle avait, au grand axe de son ellipse, deux portes charretières renforcées de barres de bois à l'intérieur. On leur avait donné des noms. Celle de l'est, qui ouvrait sur la vallée de la Foa, s'appelait la porte de Naïna. Une pente assez inclinée, de cinq cents mètres de parcours environ, menait au gué de la rivière. L'autre porte, à l'ouest, s'appelait la porte d'Ataï. Or ce jour-là, vers cinq heures du soir, les corvées extérieures étant rentrées, les portes venaient de se fermer. Lafond et son sergent-major Artus étaient près de la porte d'Ataï et causaient. « Eh bien, dit Lafond, la prédiction aura tort. Nous ne serons pas attaqués le 24 août. Les Canaques ne se montrent

LE BLOCKHAUS.

pas. » Le sergent-major ne regardait pas du même côté que Lafond. « Mais pardon, mon capitaine, fit-il en sursaut, les voici. » Et en effet, de l'autre bord de la rivière, deux cents Canaques sortaient au même instant de la brousse. En poussant de grands cris, ils passaient le gué rapidement et montaient vers le poste. Aussitôt on courut aux armes ; mais, par l'ordre de Lafond, chacun se tint au pourtour intérieur de la palissade, à divers points indiqués d'avance pour la défense générale de l'enceinte. La palissade était d'ailleurs suffisamment garnie. Il y avait les soldats, les travailleurs avec leurs outils et Mercury avec quelques-uns de ses éclaireurs, qu'on employait depuis deux jours comme ouvriers d'État.

Lafond, dans son instinct de soldat, ne voyait à la porte de Naïna qu'une fausse attaque. Les Canaques devaient avoir imaginé que les blancs s'y porteraient en masse, et alors, eux, d'un point opposé, s'élanceraient vers la palissade déserte, la franchiraient, et par le nombre et la surprise se rendraient maîtres de la position. Précisément Lafond observait un bourrelet de terrain qui se trouvait, au delà de la porte d'Ataï, à quatre-vingts mètres à peu près. Ce bourrelet l'avait toujours inquiété, et il comptait l'aplanir plus tard. On pouvait s'y dérober à la vue. Le capitaine ne se trompait pas.

A peine avait-il donné ses ordres, qu'il vit surgir de ce pli de terrain plusieurs centaines de Canaques. Sans crier, ils bondissaient vers le poste. Un feu bien nourri, auquel ils ne s'attendaient pas, les arrêta net, les rejeta précipitamment en arrière, à leur abri, où ils s'accroupirent. On eût pu croire qu'ils avaient disparu. Quant aux Canaques de la rivière, ils gesticulaient encore, ne s'avançaient plus. Le gros du danger était passé. Cependant les Canaques de la porte d'Ataï se relevèrent bientôt tous ensemble, mais, cette fois, sans aller de l'avant, lancèrent des pierres de fronde. Taillées en pointe aux deux bouts, elles sifflaient dans l'air, tombaient en parabole sur le blockhaus, ou se heurtaient en ricochant aux pieux de la palissade. La volée envoyée, les Canaques se baissaient, se soustrayaient aux regards. On attendait pour les viser et pour les tirer l'instant court et imprévu où ils se dressaient. Quelques-uns avaient des fusils, dont ils se servaient au ras du sol.

Il devait y avoir là, pour cette attaque longuement concertée de la Foa, toutes les tribus insurgées de l'arrondissement. Par le travers de la scène, non à grande distance, dans les niaoulis, les femmes excitaient les guerriers. Alors les volées de pierres de fronde, avec de grands cris, devenaient plus fréquentes. Quoique nos hommes fussent à l'abri derrière la palissade, quelques pierres leur arrivaient par ses interstices de continuité. Une de ces pierres atteignit Mercury, lui ouvrit le front, le renversa. Une autre brisa les dents d'un condamné, une troisième contusionna un soldat à l'épaule. Cette attaque, qui n'avait plus de résultat possible, dura deux heures. Les sauvages y mettaient une obstination d'impuissance et de fureur. Elle prit fin avec la nuit. Les assaillants découragés se retirèrent sous bois et n'allumèrent même point leurs feux accoutumés.

Je reçus le lendemain matin le rapport de Lafond. Il m'envoyait en même temps des écorces de niaoulis tachées de sang. C'était le seul indice que les Canaques eussent perdu quelques-uns des leurs. Ils avaient emporté leurs morts. Le commandant Pasquier secouait la tête. « On en a tué, on en a tué, disait-il, ce n'est pas bien sûr. C'est comme à Bouloupari. On dit aussi là-bas qu'on en a tué. Il faudrait des preuves. »

J'allai à la Foa féliciter Lafond, et je partis avec Le

Golleur, Gallet et les francs-tireurs. Tout ce monde-là se répétait ce qui s'était passé la veille, on était enchanté et pas content. C'est qu'en effet la colonne avait eu son projet pour le lundi 26 août. Elle devait, ce jour-là, fouiller à fond la vallée de Naïna avec une méthode nouvelle inventée par Gallet. Les francs-tireurs, Le Golleur et Gallet craignaient que, par suite de leur échec de la veille à l'attaque du poste de la Foa, les Canaques n'eussent disparu.

XI

LES PREMIERS EXPLOITS DE LA COLONNE. — LA JOURNÉE
DU 1ᵉʳ SEPTEMBRE. — LA MORT D'ATAÏ.

Le lendemain matin, 26 août, à cinq heures, tandis qu'il faisait nuit encore, les francs-tireurs n'en allèrent pas moins en expédition. Ils entrèrent sous bois en grand silence, avec des précautions extrêmes. Les sabres-baïonnettes étaient passés à la ceinture sans leurs fourreaux. Autrement, ils eussent fait du bruit. Le bidon ou la bouteille que portait chaque homme était recouvert de drap ou de flanelle.

La colonne, et c'était là le nouveau système inauguré par Gallet, marchait à travers la brousse, ne suivait pas les sentiers. Les sentiers, jusque-là, avaient été la sécurité des Canaques. Ils étaient surveillés par eux: ils y tendaient leurs embuscades à coup sûr. Les blancs, en effet, n'étaient-ils pas hors d'état de ne pas les prendre? Il les leur fallait comme aux chevaux, comme aux bêtes lourdes. Les sauvages en plaisantaient. Les sentiers leur disaient tout : que les blancs étaient venus, qu'ils s'étaient arrêtés à tel endroit, qu'ils allaient venir. Aussi, ce matin-là, les sentiers restant déserts, les Canaques étaient tranquilles. La colonne, tout à coup, arriva à un campement improvisé, caché sous les arbres, dans une demi-clairière. Les révoltés, depuis le commencement des hostilités, n'habitaient plus leurs villages, dont on savait à peu près la position et qu'on eût pu découvrir. Ils se faisaient, avec des branches et des écorces de niaouli, des cases d'une nuit ou d'un jour, se déplaçaient sans cesse. A la vue du campement, la colonne s'arrêta. On était aux premières lueurs du matin, et les Canaques s'éveillaient.

L'un d'eux, qu'on reconnaissait un chef à la plume blanche de ses cheveux, se promenait avec insouciance. Il aperçut les blancs, en demeura immobile d'étonnement, n'en croyant pas ses yeux. Gallet l'abattit d'un coup de fusil. Tout aussitôt, les Canaques eurent l'éveil, bondirent dans les bois et s'échappèrent, point si vite cependant qu'on n'en atteignît quelques-uns. De nouveau, la colonne s'avança dans la brousse, avec moins de précautions, en se hâtant. Elle espérait surprendre d'autres campements. C'est ainsi qu'elle en trouva un second, non loin d'un sentier. Là, les Canaques étaient debout avec leurs armes, plus nombreux, inquiets. Ils avaient entendu les coups de feu. En voyant les francs-tireurs, ils poussèrent leur cri de guerre, lancèrent leurs pierres de fronde. Les francs-tireurs, que la chasse animait, leur répondirent par une clameur d'entrain, mirent leurs sabres-baïonnettes au bout du fusil, coururent à eux, les jetèrent dans le sentier, où ils s'enfuirent. On s'en alla plus loin, toujours en pleine brousse, sans se gêner alors, comme une meute, sabrant les lianes et cassant les branches, faisant sa trouée. Mais la brousse, elle aussi, s'emplissait d'autres bruits qui, grandissant, se rapprochaient. De toutes parts, les sauvages s'appelaient, s'avertissaient, à leur tour cherchaient les blancs. On se rencontra dans un espace étroit, où l'herbe n'était point haute, tout semé de niaoulis grêles. Les Canaques, au nombre de cent cinquante environ, se répandirent en cercle autour des francs-tireurs. Ceux-ci durent se grouper pour leur faire face. Les sagaies n'eussent point eu la liberté de leur jet et ne pouvaient servir ; mais les pierres de fronde en quantité, sans relâche, traversaient l'air. Elles ricochaient des arbres aux hommes, entamaient les uns, contusionnaient les autres. Les noirs avaient aussi des fusils. Une balle effleura le front du vieux Floch, un gabier, l'égratigna à son passage, le moucheta d'une goutte de sang. Une autre tangenta le bord du chapeau de paille du second maître Chabot, le lui fit tourner sur la tête. Gallet, voyant trop tard un sauvage qui le visait, n'eut que le temps, à tout hasard, de se jeter derrière un niaouli. L'arbre mince ne l'abritait que bien peu. Cependant la balle se logea dans le niaouli, épargnant Gallet. Le Golleur, très petit, courait un danger moindre. Les coups passaient par-dessus lui. Les hommes tiraient rapidement, se choisissant un but. Duteich ne faisait point le coup de feu. Bien campé sur ses jambes, le torse en arrière, le bras gauche arrondi, le clairon aux lèvres, il jouait la « casquette au père Bu-

IL ME LES MONTRE.

geaud ». Sans s'inquiéter des pierres qui l'avaient décoiffé, la tête nue, les joues enflées, le regard placide, il rythmait le combat. Toutefois les Canaques augmentaient en nombre, et la situation, sans être alarmante, devenait douteuse. Le Golleur et Gallet imaginèrent une feinte. Les francs-tireurs se formèrent en colonne et, comme s'ils abandonnaient la lutte, se replièrent sous bois avec vitesse. Le cercle des Canaques s'était rompu ; eux aussi s'étaient groupés en un gros d'ennemis, s'enhardissant à la poursuite. Ils avaient lâché la fronde et saisi la hache. Au bout de quelques minutes, brusquement, la colonne fait volte-face et avec de grands cris, tandis que Duteich sonne la charge, fond sur les sauvages et les culbute.

On reprend alors le chemin du poste ; mais deux ou trois fois encore, sur le parcours, les Canaques se montrent à la colonne, ne tentent plus de l'envelopper ou de l'assaillir, lui envoient des pierres de fronde ; on les écarte à coups de fusil. Ils disparaissent enfin, et on sort à peu près de la brousse. Duteich sonne alors des fanfares ou joue une marche pour alléger à ses camarades la lourdeur de la route. Ses robustes poumons ne sont pas plus fatigués que s'il venait, pendant trois heures, de jouer de la musette à une noce de village. Ah ! le brave petit clairon !

Nous apercevons la colonne qui passe la rivière et qui monte au poste. Elle a un air satisfait, mais singulier, avec un peu de mystère. Les francs-tireurs ont à la main leur mouchoir enroulé, et dans ce mouchoir il y a quelque chose. Les voici tout près. Le Golleur et Gallet font ouvrir les mouchoirs. Nous voyons ce qu'ils contiennent. Ce sont des oreilles. Il y en a six paires. Les francs-tireurs sourient de plaisir à leurs trophées. « Alors, leur dis-je, vous avez tué six Canaques. » Le petit Durand, un gabier, s'avance : « Pardon, commandant, nous en avons tué douze. — Comment, douze ? — Oui, nous n'avons coupé qu'une oreille à chacun. » Les francs-tireurs ne soufflent mot, ils rougissent. Ils sont honteux du mensonge ou de l'outrecuidance de leur camarade. Je dis à Durand : « Pourquoi me fais-tu des contes ? Tu vois bien que chaque paire a ses deux oreilles semblables, les oreilles d'une même tête. — Pas la mienne, commandant, il y en a une grande et une petite. Regardez plutôt. » On s'approche, on regarde, on compare, c'était vrai. Durand est félicité, avec un peu d'envie. Il avait eu une bonne idée, et on regrettait sans logique de n'avoir point fait comme lui. « Nous en aurions tué douze pourtant de cette façon-là, » disait-on.

Quand ils eurent fait un bon repas, je proposai aux francs-tireurs, qui devaient être fatigués, de les laisser à la Foa, où ils eussent couché, ils ne le voulurent pas. C'étaient déjà des sybarites. Ils songeaient à leurs hamacs de la Fonwari, élastiques et bien tendus, qui avaient des moustiquaires. A la Foa, il n'y avait encore que des planches, la terre dure et des moustiques. Dix kilomètres, ce n'était rien par le soleil qui s'abaissait à l'horizon. D'ailleurs Duteich jouerait des airs de marche. On fit allègrement la route, en chantant soi-même pour que Duteich se reposât. Nous arrivâmes à cinq heures à la Fonwari. Là, je fis un peu pour le commandant Pasquier ce qu'on avait fait pour moi. Nous nous approchâmes avec des allures triomphantes et sournoises, et devant lui, sur une table, on plaça les oreilles. Il les examina sévèrement, puis fit le geste d'un homme qui se rend à l'évidence, et adressa quelques paroles flatteuses aux francs-tireurs. Il était content d'eux.

La défense du poste de la Foa et cette expédition de la colonne étaient des événements heureux. On était dans un bon courant, il fallait en profiter. Je demandai au gouverneur la permission d'organiser une grande battue pour le 1ᵉʳ septembre. J'écrivis à Servan, et je m'entendis avec lui pour qu'il m'amenât ce jour-là deux cents Canalas. Le rendez-vous était à la Foa. Il y avait à fouiller la vallée dans tous les sens et en même temps à la cerner, afin de ramasser les Canaques qui s'enfuiraient. Voici, sur ce dernier point, les dispositions qu'on prit. Tandis que le commandant Pasquier resterait avec très peu de monde à la Fonwari, le lieutenant Cluzel, ayant Neigre pour guide, en partirait avec trente hommes pour occuper au sud de la vallée le gué d'Amboa et en défendre le passage aux révoltés. Un petit détachement prenait position dans les marais qui s'étendent à gauche de la route de la Fonwari à Teremba, afin de recevoir ceux des fuyards qui auraient échappé au gué d'Amboa. Ces fuyards trouveraient ce poste devant eux et, sur leur gauche et sur leur droite, Teremba et la Fonwari. En outre, au delà de la route, Vanauld, après n'avoir laissé que quelques soldats à Teremba, échelonnerait une ou deux embuscades dans la direction de Moindou à la Fonwari et, de sa personne, avec une trentaine de ses soldats et de ses francs-tireurs, suivrait les crêtes de Moindou à Farino. Au nord de la vallée, les cavaliers Boutan seraient chargés de garder le chemin des Bœufs et les sentiers de la Foa à Bouloupari. Au delà, en seconde ligne, vers le nordest, Vaux-Martin, avec ses éclaireurs à cheval, se tiendrait aux montagnes Rouges. A l'ouest même de la vallée, sur un espace qui, par suite des embuscades, devenait relativement étroit, il y avait le poste de la Foa. Lafond et moi, nous nous y tiendrions avec quelques hommes. Restait le côté est. Il confine à la vallée de Poquereux, aux montagnes d'Aréki, à la baie Chambeyron. Faute de monde et de temps, à cause de la distance à parcourir et des chances d'éveiller l'attention des Canaques, il n'était point possible de le garder à l'avance. C'est par un mouvement qui se ferait du poste même de la Foa qu'on s'occuperait de lui. Trois colonnes partiraient du poste. Deux d'entre elles contourneraient la vallée : l'une par le sud, l'autre par le nord, et l'enserreraient jusqu'à se rejoindre à l'est ; la troisième irait droit devant elle de l'ouest à l'est et se réunirait aux deux premières. En supposant que, dans leur marche, les colonnes n'eussent pas trouvé les Canaques, elles se rabattraient en demi-cercle vers le poste et les rencontreraient au retour. Il y avait une dernière entreprise, mais celle-là distincte des autres. On supposait que les tribus des environs de Moindou s'étaient établies au treizième kilomètre de la route de Moindou à Bourail, dans des bois épais qui ont des retraites presque inaccessibles de grottes et de fourrés. Maréchal, au 1er septembre, devait fouiller ces bois avec ses quarante colons armés et dix de ses soldats.

Le 31 août, j'allai à la Foa avec les francs-tireurs. J'y trouvai Servan, qui arrivait de Canala. Le lieutenant Auzeille avec trente soldats d'infanterie de marine et Nondo avec deux cents de ses Canaques l'avaient accompagné. Il était près de six heures du soir ; on se mit aussitôt à table. Nous étions nombreux. Il y avait Le Golleur et Gallet, que la communauté des fatigues et du péril avait unis déjà d'une étroite amitié ; Duliscouët, ardent à toutes les aventures et qui, le lendemain, allait sous bois en volontaire ; Servan et Auzeille qui, deux mois plus tard, devait se noyer en se baignant dans la rivière de Dogny ; Vaux-Martin, qui se plaignait de ce que ses éclaireurs à cheval n'eussent pas assez de besogne ; Boutan, dont la bonhomie est souriante et qui dans sa bravoure a les instincts du chasseur ; Houdaille qui est là en passant. M. Houdaille est ce colon d'au delà de Bourail, sur les terres duquel se combattent, pour une Hélène canaque, deux tribus ennemies. Il a, imprudemment peut-être, pris parti pour l'une d'elles.

Il vient de Nouméa, d'où il rapporte quarante carabines et revolvers, et se rend à sa propriété de la Poya. C'est un homme de trente à trente-cinq ans, dont le visage est énergique, dont les façons sont distinguées. Il y a Lafond, enchanté de son affaire du 24 août ; son sous-lieutenant Becker, qui en partage le mérite avec lui ; Koch, qui a mis toute la vivacité de sa gaieté et de son entrain à la rapide construction du poste ; un aide de camp du gouverneur, qui était avant Daniel l'officier en second de la *Vire*, le lieutenant de vaisseau Rathottis. Enfin, il y a Nondo ; tous ses traits, à cette heure, s'épanouissent en amabilité, et il a son large sourire sur les lèvres.

Le dîner est bruyant et gai ; à tous nos repas d'ailleurs, il y a, sur tous les sujets, la liberté la plus absolue d'appréciations et de paroles. A dix heures, on va se coucher. Nous avons mangé dans la maison qui est à l'intérieur du poste et que les Canaques n'avaient pas brûlée. On jette sur le sol des brassées de feuillage, et c'est là que nous nous étendons côte à côte. Quelques-uns s'allongent sur la table. Je suis fraternellement entre Servan et Nondo. Nondo se fie à nous, sans danger pour lui. Quant à ses Canaques, ils sont campés en dehors de la palissade. Nous aimons mieux qu'ils soient là qu'à côté de nous comme leur chef. Peut-être aussi Nondo le préfère-t-il.

A cinq heures du matin, les dispositions sont prises, en silence, dans l'obscurité et avec précaution. Boutan part avec ses cavaliers ; Vaux-Martin avec ses éclaireurs. C'est à six heures que tous les détachements doivent être à leur affût. Les trois colonnes qui doivent opérer de la Foa même s'organisent. Celle de droite, Le Golleur-Gallet, a dix-huit francs-tireurs, douze Mercury et trente Canaques. Celle de gauche, commandée par Servan, se compose de vingt soldats du lieutenant Auzeille, de quinze soldats du poste, de cinq francs-tireurs, de cinq Mercury et de cent cinquante Canalas que conduit Nondo. Becker, au milieu, a quinze de ses soldats avec le sergent-major Artus, dix Auzeille, cinq francs-tireurs, cinq Mercury et vingt Canalas. Les trois colonnes descendent du poste, traversent la rivière et s'enfoncent sous bois. Toute la vallée est noyée sous un brouillard blanc et épais. Nulle cime d'arbre n'en émerge, il s'étend en grand cercle jusqu'aux collines de l'horizon. Nous nous promenons, Lafond et moi, en dehors de la palissade. De temps à autre, il nous semble entendre un cri canaque. C'est d'ordinaire une note aiguë et sonore. Ce matin-là, elle ne nous parvient qu'affaiblie et indistincte. Le brouillard ne la

IL ARRIVAIT AVEC UN BEAU PANTALON.

transmet pas, l'étouffe. Il doit étouffer aussi le bruit des coups de fusil, si l'on en tire. On n'entend rien. Le soleil n'est pas encore levé. Rien ne se décidera avant plusieurs heures. Je vais me coucher.

A dix heures, on me réveille pour le déjeuner. Il n'y a point de nouvelles. Le soleil est brillant, et la brume s'est en partie dissipée. A divers intervalles, on entend distinctement des cris canaques et des coups de feu. C'est d'un bon présage. Tout à coup, à onze heures, on annonce la colonne Servan. Nous sortons du poste. De la porte de Naïna, nous la voyons qui passe le gué, qui gravit la pente. Elle s'avance rapide et joyeuse, dans le pêle-mêle de ses soldats, de ses francs-tireurs et de ses Canalas. A son milieu, elle a un gros de Canaques, comme un troupeau, dont on hâte la marche avec le bois des sagaies. Ce sont cinquante-huit prisonniers, femmes et enfants. Cependant la colonne est tout près de nous. A un signe de Servan, elle s'arrête. Les Canalas, brandissant leurs armes, poussent leur cri de guerre. Nondo, avec la solennité du chef sauvage, vient à moi, fait déposer et ranger à mes pieds quatre corbeilles en feuilles de bananier. Il en tire par les cheveux quatre têtes fraîchement coupées et me les montre. Il me présente ensuite les quatre guerriers qui ont abattu ces ennemis, qui ont coupé ces têtes. Je les félicite et serre la main à chacun d'eux. Ils ont un maintien orgueilleux et modeste. Une seconde fois les Canalas poussent leur cri de guerre. Alors les hommes de la colonne et ceux du poste s'abordent et se mélangent. On interroge et on répond. On examine les prisonniers avec curiosité. Quelques-unes des femmes pleurent, mais le plus grand nombre est résigné. Elles n'ont point d'effroi. Elles savent qu'elles seront le butin des Canalas, elles ne feront que changer de servitude. Les enfants, plus craintifs, se serrent contre leurs mères. Mais déjà ils se rassurent; les soldats jouent avec eux, leur donnent du biscuit ou de la soupe et les font boire. Une seule femme est heureuse, se répand en paroles, rit et pleure à la fois. Elle vivait avec un des gendarmes de la Foa qu'on a tués. Les Canaques l'avaient emmenée avec eux, la maltraitaient. Elle a une physionomie expressive, les cheveux lisses, des dents blanches admirables, de grands yeux noirs; elle est presque jolie d'émotion. Elle prend les mains des soldats, les leur presse avec une effusion de reconnaissance. Elle est libre.

Servan me raconte ce qui s'est passé. Il a surpris un campement d'insurgés qui se sont enfuis en toute hâte à travers les bois. Naïna était avec eux, il a pu s'échapper. Sa femme est parmi les prisonnières. Nos alliés se sont mis à la poursuite des Canaques et en ont tué ou blessé neuf, tandis qu'un seul des leurs a été blessé d'un coup de hache à l'épaule. Toutefois Servan s'étonne, il n'a jamais vu les Canalas aussi hésitants. Ils ne s'écartaient pas, marchaient près des soldats, cherchant la protection des fusils. La peur d'Ataï, la honte peut-être de le combattre étaient en eux. Il a fallu les exciter pour les lancer aux ennemis qui s'enfuyaient.

Maintenant ils sont enhardis par le succès et alléchés par les dépouilles. Noudo nous demande, à Servan et à moi, la permission de rentrer sous bois. Il part aussitôt avec ses guerriers.

A midi, on signale une seconde colonne. Cette fois, c'est celle de Le Golleur et de Gallet. Elle arrive, comme la première, rapide et tout en joie, mais avec plus de hâte et d'exultation. On sent qu'elle apporte le nouvelle d'un fait extraordinaire, d'un succès plus grand qu'on ne l'a prévu. En son apparence, tout le témoigne, l'attitude et le geste. Elle soulève en marchant la poussière sous ses pas. Au travers de cette nuée, sous les rayons du soleil, la colonne tour à tour est lumineuse et sombre. Dans ses rangs en désordre, elle a des prisonniers. Les francs-tireurs, tout débraillés, la poitrine au vent, ont leurs vêtements déchirés. Les Mercury, d'une allure farouche, ont en haut de leurs fusils quelque chose de rond et de noir. Cela se rapproche et s'éclaire. Ce sont des têtes coupées au bout des baïonnettes. La colonne n'est plus qu'à trois pas, elle s'arrête. Les Canalas poussent leur cri de guerre et de triomphe, mais à ce cri se joignent les clameurs exaltées des marins et des déportés, le hurlement des Mercury. Des baïonnettes qui s'abaissent, les têtes roulent sur une table qui se trouve là. On les y aligne, elles sont sept. Quelques hommes du poste les ont déjà reconnues et les crient par leurs noms. De toutes parts on accourt. Ce sont les têtes d'Ataï, de son fils, de son takata, de quatre de ses guerriers. Le visage d'Ataï s'est affaissé, les paupières tombent avec lourdeur sur les yeux, les traits sont relâchés dans une sorte de repos morne. Si ce sauvage avait quelqu'un des sentiments qui nous agitent, il a dû mourir avec le regret d'une cause perdue et d'espérances trompées. La tête de son fils, un adolescent, s'est endormie dans la mort. La tête du takata est celle d'un nain, grosse et difforme. Les têtes des quatre guerriers ont les traits convulsés par l'angoisse de la hache qui frappait par saccades en les séparant du tronc. La lèvre d'en haut est retroussée sur les dents; l'œil ouvert est effaré. La foule s'est faite autour de la table, on regarde ces têtes et l'on se tait. Quand on les a bien vues, Duliscouët et ses infirmiers les prennent et les emportent. Alors les langues se délient, les interrogations commencent, les propos se croisent. Le tumulte des paroles succède à la curiosité muette d'un moment.

Comme a fait Servan, Le Golleur et Gallet me racontent leur expédition. Ils s'étaient avancés sous bois; mais leurs Canalas, comme ceux de Servan, étaient troublés et hésitants. Ils ne voulaient point pousser plus avant, voulaient aller, disaient-ils, à un rendez-vous que Nondo leur avait donné. Il fallut presque les menacer. Justement, à cet instant-là, on rencontrait le campement d'Ataï. Ce campement, aux aguets pourtant, était sans défiance de la colonne. Il prêtait l'oreille à d'autres bruits, d'un autre côté. Néanmoins les Canalas, saisis de crainte, se refusaient à l'attaquer. « Si vous ne voulez pas y aller avec nous, leur dit Gallet, nous irons tout seuls. » Cela les décida. Ce qui les décida surtout, c'est que les Canaques d'Ataï aperçurent les blancs, s'enfuirent alors précipitamment et abandonnèrent leur chef. Ataï resta seul avec son fils, son takata et les quatre guerriers.

Il tenait à la main un sabre de gendarmerie provenant du pillage de la Foa. Il ne put s'en servir, car une sagaie lancée par un Canala lui traversa le bras. Nos alliés s'élancèrent. Deux d'entre eux frappèrent Ataï à coups de hache, l'abattirent. Ses compagnons, enveloppés, succombaient sous le nombre. Tandis qu'ils étaient à demi vivants encore, on leur avait coupé la tête et on était revenu au poste.

A une heure, la colonne Becker rentrait. Elle avait rencontré et poursuivi des fuyards, en avait tué quelques-uns, ramenait des femmes et des enfants. Après Becker, ce fut Boutan, puis Vaux-Martin. Des Canaques s'étaient sauvés de leur côté. Ils les avaient chassés à courre et forcés de retourner dans la brousse. Dans l'après-midi, nous reçûmes des estafettes de la Fonwari et de Teremba. Le détachement Cluzel avait fermé le passage d'Amboa à des Canaques d'Ataï qui tentaient de s'échapper de la vallée ; mais, ne voulant point quitter son poste d'observation, il ne les avait pas poursuivis. Quant à Vanauld, il avait regagné Teremba, sans avoir rien vu, après une marche longue et fatigante. A cinq heures, Nondo revenait ayant fait buisson creux ; mais en revanche un courrier arrivait de Moindou. Là, Maréchal avait réussi. Il avait rencontré les Canaques dans les bois du treizième kilomètre, et, après une assez chaude affaire où il avait manqué être tué et où deux de ses hommes avaient été blessés, il avait tué Baptiste, le chef des Moindous, sa fille et un indigène, et détruit plusieurs campements.

Le poste de la Foa est dans la joie. Il y a double ration à tous les plats. Après le dîner, on chante en chœur et on danse en rond. Puis à huit heures, par l'obscurité d'une belle nuit, on roule sur l'esplanade, en dehors de la porte de Naïna, le petit obusier de quatre, et là, pendant que les Canalas assistent curieusement à la salve, on tire, à intervalles égaux, trois coups de canon qui célèbrent la victoire.

Cette journée du 1ᵉʳ septembre était un réel succès. Au point de vue de la répression de l'insurrection dans l'arrondissement d'Uaraï, elle allait avoir une importance décisive. Au point de vue général des affaires, elle n'en eut qu'une relative. C'est que l'insurrection canaque, n'ayant point éclaté partout à la fois comme elle devait le faire, ne s'est propagée ensuite que par une lente traînée de poudre qui a ses intermittences et ses lacunes, à laquelle la flamme ne se reprend qu'accidentellement. C'est ainsi que Canala, au début, avait été sauvé des Canalas par Servan; que le nord, quoique indécis, ne bougea pas;

qu'il fallut deux mois aux Canaques des environs de Moindou pour se décider à la révolte ouverte. Or il allait en être de même de Bourail. La mort soudaine et violente de M. Houdaille lui fit jeter le masque. Le 11 septembre, les Canaques pour lesquels M. Houdaille a pris parti se tournent contre lui et le massacrent ainsi que ses compagnons et leur propre chef, Mavimoin, terminant de la sorte leur querelle avec les indigènes d'Adio et scellant dans le sang, par ce coup de traîtrise, leur réconciliation avec eux. Les tribus de Bourail croient dès lors au succès de l'insurrection, massacrent les colons, incendient les habitations dans la brousse et jusque dans Bourail, font cause commune avec les Neklaï et les Adio. Il va falloir agir à Bourail, comme on l'a fait à Bouloupari et à Uaraï, garder d'abord la défensive, prendre ensuite l'offensive avec des forces suffisantes et, après de longs et pénibles efforts où l'on a raison des Canaques en masse, en arriver à la destruction des bandes errantes encore armées. C'est à cela que nous en sommes dans l'arrondissement. On a su des prisonniers qu'à l'attaque du poste de la Foa, le 24 août, le chef Moraï, l'allié et le complice d'Ataï, a été tué, et qu'Aréki, qui s'était joint à eux pour cette entreprise, s'est retiré, découragé, dans sa Oua-Tom. Il faudra l'y aller chercher. Ataï mort, Naïna lui a succédé. Il court la vallée de la Foa, dont il a fait son repaire. Kaupa a pris la place de Baptiste parmi les Moindous, les Moméas et les Scinguiés. Ils ne sortent plus de leurs bois que pour chercher des coquillages au bord de la mer. François est avec quelques Canaques d'Uaraï à l'île Le Bris et à la baie Chambeyron. Ce sont ces petites bandes éparses qu'il faut harceler et détruire. C'est la vraie chasse à l'homme qui va commencer.

XII

ENCORE LA COLONNE.
LA VIE DES CAMPS. — LE THÉATRE.
NONDO. — DIPLOMATIE CANAQUE.

C'est la colonne Le Golleur-Gallet qui, pendant plusieurs mois, va s'acquitter de cette tâche. Chaque semaine, plus souvent parfois, elle part dans la brousse pour quarante-huit heures. Afin d'être plus légère, elle n'emporte que les vivres de la première journée; elle n'a pour le second jour qu'une galette de biscuit et un boujaron d'eau-de-vie. Son point de départ, suivant le lieu où elle doit opérer, est tantôt la Fonwari, tantôt la Foa. Dès la veille alors, elle va coucher à la Foa. Elle se met en marche à trois heures du matin et arrive avant le jour à l'endroit qu'elle veut surprendre. A huit heures, ce qu'elle avait à faire est terminé. Elle s'achemine à l'aise vers le site qu'elle a choisi pour déjeuner. Il est à plusieurs kilomètres de distance dans la direction qu'elle doit suivre pour sa tentative du lendemain. A ce site, sous de grands arbres ou une épaisse feuillée, aux bords d'une eau froide et courante, on déjeune, on fait la sieste et on laisse s'écouler les chaudes heures du jour.

Dès quatre heures du soir, la colonne repart et marche d'une traite, jusqu'en pleine nuit, vers l'affût du lendemain. Elle ne s'arrête qu'aux alentours de la proie qu'elle convoite, et, comme elle a déjà fait au matin précédent, fond sur elle à l'aube naissante. La besogne achevée, et selon qu'elle est plus ou moins loin, elle se hâte au retour par une marche forcée ou s'attarde dans le trajet à brûler des campements ou des villages oubliés.

En peu de temps, la colonne s'est merveilleusement entraînée. Elle a la plus grande confiance dans ses chefs, Le Golleur et Gallet. D'ailleurs, ce géant et ce tout petit homme se sont admirablement compris, se complétant l'un par l'autre. L'un savait tout de la brousse, l'autre en ignorait tout. C'est pour cela qu'ils l'ont si bien courue ensemble, sans hésiter et sans discourir. Maintenant Le Golleur l'a apprise, et déjà il en devine ce qu'il n'en connaît pas. Tous deux sont encore d'une même résistance à la fatigue. Le pas ferme et rapide du marin vaut les enjambées du géomètre. Ils sont aussi d'une même bravoure intelligente et pleine de sang-froid. A l'occasion, ils se sauvent la vie.

Le surveillant Mercury, ancien sous-officier, les seconde. C'est un de ces serviteurs humbles et dévoués, obéissants et fidèles, qu'on entraîne où l'on veut. Ils se gagnent par les bons traitements, se donnent à leurs chefs par l'affection qu'ils leur portent, ne se reprennent plus. Il tient à demi ses Mercury à l'écart, ne les mène aux francs-tireurs qu'aux heures du péril. Eux-mêmes se tiennent sur la réserve. Ce sont plutôt les francs-tireurs, marins et déportés, qui viennent à eux avec une sorte de bienveillance.

Ces nuances de tact, de délicatesse et de bonté existent d'instinct chez les natures simples, s'affirment en elles par la discipline qui les hiérarchise, par le danger qui les ennoblit. Tous ces hommes ont un jarret de fer, une allure allègre; ils enlèvent les longues marches à la semelle de leurs souliers. Ils ont pris les qualités des sauvages, la patience et la ruse, couchent sur la dure, ne se plaignent ni des privations, ni du chaud, ni du froid. Les nuits, en effet, sont fraîches, mais courtes pour eux. Ils les passent moins à dormir qu'à veiller, s'y embusquent, y préparent leur coup. Ce n'est pas qu'ils réussissent toujours; mais toujours et de plus en plus, autour d'eux, ils font le vide et répandent la terreur.

Les Canaques, traqués sans trêve et sans pitié, se déplacent, s'espacent, se disséminent, s'amaigrissent et s'épuisent de faim, de froid et de misère. Quelquefois les francs-tireurs ont des résultats dont ils sont fiers ou tout l'imprévu d'une chasse heureuse. Mais, s'ils ont ces hasards, c'est qu'ils les méritent par leur ardeur qui ne se ralentit pas, par leur âpreté à la lutte. Je ne raconterai pas toutes les expéditions de la colonne. Ce serait la monotonie du courage et des efforts. Je ne parlerai que des incidents.

Au commencement de septembre, la colonne fait une première expédition à la Oua-Tom contre Aréki. Elle arrive par les crêtes, tandis que la nuit dure encore, et dépasse des sentinelles qui ne la voient pas. Elle se sent sur la piste d'un campement et redouble de précaution. Le campement, en effet, est sur le bord d'un ravin dont les pentes se cachent sous une épaisse végétation. La colonne n'en est qu'à cent mètres, et, par les premières clartés du matin, elle aperçoit les abris. Toutefois, avant de s'y précipiter et de les fouiller de ses baïonnettes, il lui faut à grand'peine marcher dans les lianes qui s'enroulent à elle et la retiennent. C'est alors que les chiens canaques donnent l'éveil. Ils aboient moins qu'ils ne se dressent et grognent en montrant leurs dents, en hérissant leur poil. On dit, sans que cela soit tout à fait vrai, que les sauvages ont habitué leurs chiens à se taire.

A cet avertissement qu'ils reçoivent, les Canaques sortent en hâte de leurs abris, ne s'attardent point à regarder les blancs, plongent dans le ravin. Les francs-tireurs désolés les poursuivent de leurs balles, en rattrapent ainsi quelques-uns. En même temps, ils se déchirent plus rudement aux ronces et aux lianes qu'ils n'ont plus à ménager, les coupent ou les brisent et parviennent au campement. Ils y trouvent un butin considérable. Il provient des habitations des colons pillées par les Canaques. Ce sont des vêtements, des couvertures, du linge et, ce qui importe davantage, des armes, des fusils de chasse, des poires à poudre. Il y a aussi des objets de toute sorte, jusqu'à un accordéon.

Mais le plus curieux du butin, canaque cette fois, ce sont deux petites popinées de quelques mois, qui tettent encore et que leurs mères n'ont pas pris le temps d'emporter. C'est un Mercury qui les découvre, à leurs vagissements. Il en berce une sur chacun de ses bras. On brûle le campement, on se charge du butin, et la colonne arrive à la Fonwari, un de ses francs-tireurs jouant de l'accordéon et le Mercury levant en l'air sur ses mains ouvertes les petites filles pour nous les montrer de plus loin.

Dans une autre circonstance, c'est une grande île de la rivière de la Foa qu'il s'agit de fouiller. Dès cinq heures du matin, un détachement d'infanterie de marine, parti de la Fonwari, doit se cacher dans la brousse sur la rive gauche de la Foa. Il y a là un gué qu'il surveillera. Quant à la colonne, je pars avec elle de Teremba, dans des embarcations, pour remonter la rivière.

La nuit est sans lune, et, pour ne point faire du bruit, les rameurs ont entouré de linges la pelle de leurs avirons. Il ne peut y avoir à nous trahir que l'eau remuée, en sa phosphorescence. Aussi

cherchons-nous l'ombre noire de la rive, toute bordée
de palétuviers. A cinq heures précises, Le Golleur et
Gallet débarquent à l'extrémité sud de l'île. Je remonte le bras droit avec les embarcations. Le jour
commence à poindre. Bientôt nous entendons des cris
canaques et des coups de fusil. Le silence se fait de
nouveau. Nous nous approchons de l'île, et nous
sondons du regard ses profondeurs de verdure. Maintenant que le soleil s'est levé, elles se reflètent avec
une admirable finesse de contours dans la transparence de l'eau. Par intervalles encore, des cris canaques et des coups de feu. Une embarcation reste en
aval; les deux autres suivent la chasse, qui se prolonge vers le nord. A neuf heures, tout le monde se
réunit à un rendez-vous convenu à l'avance. On a tué
deux popinées et cinq Canaques, et l'on a fait un prisonnier. Il ne paye pas de mine ; il se défendait avec
l'épée à poignée d'argent d'un commissaire de marine. Il est là, tremblant de tous ses membres. Il voit
que je ne le fais pas fusiller, se rassure et se met à
déjeuner avec nous. Ces animaux humains s'apprivoisent vite, ne se civilisent point. Ce prisonnier sera le
guide de la colonne pour les excursions dans les îles
et sur les bords de la Foa. Il dit quelques mots de
français et ne demande pas mieux que de dénoncer

ses congénères. On l'engraisse au camp, et, les jours de course, un franc-tireur le mène en laisse par une corde qui lui fait le tour du corps. Il marche en tête de la colonne, en limier.

Un peu plus tard, — c'est encore sur les bords de la Foa, — la colonne, qui revient de la baie Chambeyron, s'est arrêtée dans l'après-midi sous des ombrages, à faire la sieste. Tout à coup, Le Golleur et Gallet, qui ne dorment pas, voient une dizaine de Canaques, hommes et femmes, s'approcher de la rivière. L'un d'eux tient un fusil à la main. Ils croient reconnaître Naïna. En un instant, les francs-tireurs qu'on éveille sont debout en demi-cercle pour envelopper les sauvages. Ceux-ci vont être pris. Trois se jettent à l'eau, les autres bondissent de côté dans les herbes. Des trois qui essayent de traverser la rivière, deux sont atteints par les balles. Ils ne nagent plus, s'en vont inertes, avec le courant, à la dérive. On cherche les autres sans les trouver. Ils ont disparu. Peut-être sont-ils immobiles sous les plants bas à larges feuilles, peut-être se sont-ils glissés sous eux et sont-ils déjà loin.

Gallet sonde des yeux l'eau transparente de la Foa. Sur un fond de sable il aperçoit une tache brune qui ne bouge pas. C'est peut-être un Canaque qui se tient par les mains à des lianes ou à des racines de la rive. Comment peut-il demeurer là si longtemps sans respirer ? Gallet perd patience, ajuste la tache et fait feu. La tache quitte le fond, remonte, prend une forme humaine et, trouée de part en part, se renverse sur le dos, les bras étendus, la poitrine ronde et jeune émergeant de l'eau, tandis que sa ceinture de feuillage et ses jambes plongent sous le flot. C'est une femme que Gallet a tuée. Il en a un petit frisson et un regret et la suit du regard jusqu'à l'île prochaine, où elle s'échoue.

Pendant que la colonne s'en va ainsi à une chasse incessante par monts et par vaux, que Maréchal est en reconnaissances et en expéditions fréquentes aux environs de Moindou et dans les bois du treizième au vingtième kilomètre sur la route de Bouraïl, la vie des camps s'organise à Teremba, à la Foa et à la Fonwari. Teremba, c'est le port et le magasin de l'arrondissement. Les vivres, le matériel et les munitions y arrivent de Nouméa. Vanauld les achémine par des convois à bœufs sur Moindou et sur la Fonwari.

C'est aussi par des voitures à bœufs que la Fonwari se charge de ravitailler la Foa. Là, on se garde ou l'on fait des excursions militaires dans la vallée. A la

Fonwari, chaque lendemain du retour de la colonne, un détachement commandé par un officier et guidé par Neigre s'en va à l'opposé des lieux que la colonne a visités la veille ou même à quelqu'un de ceux-là. C'est au gîte qu'on retrouve les animaux sauvages.

Ces marches, ces chasses, l'escorte des convois, sont au soldat une fatigue salutaire qui lui plaît, lui sont aussi des distractions. Il en a d'un autre genre. A la Foa et à la Fonwari, il y a un théâtre. Cela s'est vite organisé. C'est un passe-temps qu'aiment les troupes. Il se rencontre toujours parmi elles des jeunes gens d'un esprit alerte et gai, d'un talent d'imitation original et prompt. Ils montent sur les planches et s'y meuvent d'instinct, comme s'ils les avaient pratiquées, moins dans la farce des tréteaux que dans le rire aimable et le couplet attendri du vaudeville. Il y a également des musiciens, des ténors qui s'ignorent eux-mêmes, mais qui retiennent les airs qu'ils ont entendus, des peintres en bâtiment qui seront peut-être des artistes. Les décors sont brossés : c'est une toile de fond à deux sujets, une maison sur une face, un intérieur sur l'autre. S'il s'agit d'une forêt, il n'y a pas de décor. C'est par brassées de jeunes plants et de feuillage qu'on la figure ainsi que les portants.

Une vraie lune et de vraies étoiles y jettent leur clarté blanche. Et c'est là, sur cette scène improvisée, que se jouent *la Consigne est de ronfler* et *les Trente-sept sous de monsieur Montaudoin*, que se chantent des opérettes, *les deux Aveugles*, *le Violoneux*. Le répertoire est à peu près le même à la Fonwari et à la Foa. Cependant, à la Fonwari, la troupe est plus nombreuse et plus complète, sinon meilleure. C'est qu'elle se recrute non seulement parmi les soldats, mais parmi les marins et les déportés. Cela nous vaut des intermèdes de scènes comiques et de chansons. Une fois par semaine, de huit heures à onze heures du soir, toute la population du camp, même les transportés, est là curieuse, attentive, émerveillée, battant des mains. On écoute et on regarde jusqu'à la fin sans se lasser. Et chez beaucoup de ces spectateurs, condamnés à un exil ou à un châtiment dont ils n'entrevoient pas la fin, que de pensées, que de regrets, que de souvenirs évoqués ! Ceux-là lentement rentrent dans leurs cases, vont chercher le sommeil et l'oubli.

Nous avons aussi des visites. Ce sont des colons qui parcourent leurs habitations dévastées ou des éleveurs qui essayent de rassembler et de recenser leur bétail. Ils arrivent généralement à plusieurs, à cheval, et nous leur offrons l'hospitalité. Ces jours-là, le repas est plus animé. Quelquefois nous recevons madame X..., qui songe à se réinstaller à sa propriété de la Foa, et madame de Coutouly, dont le mari a été massacré à Popidéry. Elle aussi voudrait, sous la protection d'un poste, relever sa maison et reprendre son exploitation. Elle a beaucoup de décision, d'esprit, et un grand charme féminin. Plus jeune que madame X..., madame de Coutouly est une intrépide amazone. Nous l'accompagnons avec quelques cavaliers d'escorte à Popidéry, et nous revenons le même jour.

Toutefois les temps sont changés. Nous suivons maintenant le chemin du Colonel, qui est ombreux et pittoresque, et, au lieu de gravir les collines chauves et le pic Malvoisie, nous traversons la forêt de Coutouly, qui s'étend, sur un large espace, de la vallée de la Foa à Popidéry. M. de Coutouly y a fait pratiquer, par des Canaques d'Aréki, un chemin de deux mètres de largeur. Ce trajet sous de grands arbres, par une épaisse végétation que sillonnent de petits ruisseaux, est d'une fraîcheur délicieuse. Les voûtes de verdure y font une obscurité silencieuse et douce et, de loin en loin, au travers du feuillage on aperçoit des sépultures canaques se relevant en monticule au ras de la mousse du sol sous les liserons et sous les fleurs. L'étrangeté de ces jolies excursions, c'est la solitude absolue. Ces collines, ces bois, le bord de la mer n'ont plus d'habitants. Tout au plus, par intervalles, relève-t-on la trace d'un pied sauvage qui s'est posé sur le sentier et s'est enfoncé sous l'herbe.

Il y a d'autres visiteurs à la Fonwari : Nondo et ses Canalas. Ils arrivent à l'improviste à quatre ou cinq heures du soir. Tout aussitôt, les Canalas s'organisent en escouades et s'en vont à la cambuse, où ils reçoivent leurs rations de pain, de viande et de tafia. Ce côté de la civilisation les affriande. Ils errent ensuite par le camp, y retrouvent des soldats ou des francs-tireurs qu'ils connaissent, se mettent à causer avec eux. On leur distribue généreusement le tabac havane de la Fokola, et, fort avant dans la nuit, ils demeurent accroupis autour des feux qu'ils allument.

Nondo dîne avec nous. Quelques minutes avant le dîner, il est nu comme un ver, ainsi qu'il est arrivé. La première fois, il m'a pris à part et m'a dit : « Ça pas bon, commandant, un grand chef comme Nondo manger tout nu à ta table. Nondo te demander un pantalon blanc. » Je le lui ai donné. A sa seconde visite, il était nu encore et m'a présenté la même requête.

J'y ai satisfait. A la troisième fois, comme il était toujours nu et qu'il ouvrait la bouche, je l'ai interrompu : « Oui, Nondo, je sais ce que tu vas me dire ; mais, si je te donnais tous mes pantalons, c'est moi qui n'en aurais plus. Alors ça pas bon, moi commandant dîner tout nu à côté de Nondo. » Il cligna les yeux, sembla réfléchir et finit par sourire. Mais, quelques instants après, et comme on se mettait à table, il arrivait avec un beau pantalon. C'était Boulle qui le lui avait prêté. Après Boulle, ce fut le tour des autres.

A table, Nondo n'avait rien du sauvage sans frein ni du guerrier féroce; il prenait les façons aimables et discrètes d'un gentleman, parlait peu, écoutait, s'étudiait aux politesses d'usage et s'y montrait plein de tact. Les sauvages ont à un haut point le goût et le sentiment des convenances et de l'étiquette. Ils les ont à leur mode, mais très précis. Nondo avait remarqué que je le faisais servir avant moi. Il s'y refusa très modestement, mais avec fermeté. Au dessert, il se relâchait un peu de cette attitude digne, et, non sans dessein peut-être, bien qu'il ne se fît point suppliant, devenait obséquieux et quémandeur. Il se penchait vers moi jusqu'à frotter à mes cheveux sa rutilante chevelure en boule et prenait un temps. « Commandant, toi faire donner une bouteille de vin pour les vieux? — Oui, Nondo. » Il prenait un temps beaucoup plus long. « Toi faire donner aussi une bouteille de tafia pour les vieux, hein? » A ce « hein? » ses yeux demi-clos pétillaient. Je tardais à répondre : « Tes vieux boivent beaucoup. — Ils sont vieux. — Le tafia leur fera du mal. — Le tafia les réchauffera. » Nondo s'en allait avec un domestique qui portait les deux bouteilles. Il ne les aurait pas portées lui-même. Le commandant Pasquier, qui bourrait sa pipe, haussait les épaules. Je lui disais : « Nondo a une très bonne tenue à table. — Mais il boit en chambre, » me répondait-il.

Ce premier soir était donné ainsi aux convivialités. Le lendemain matin, Nondo partait avec ses Canaques; il revenait dans l'après-midi. Ce retour s'annonçait par un grand cri des Canalas. Cela signifiait qu'ils rapportaient des têtes. Il y en avait toujours trois ou quatre, jamais plus, jamais moins. Autrement il n'y en avait pas, et on avait fait buisson creux. Ces têtes étaient dans leurs corbeilles de feuilles de bananier. Nondo me les offrait avec courtoisie, mais, cette offrande devenant habituelle, avec moins de solennité et d'apparat qu'à la journée d'Ataï. Je serrais amicalement la main des guerriers, et je leur faisais à chacun un petit cadeau, toujours le même, pour entretenir leur zèle. Nondo s'attribuait aussitôt la plus grande partie de ce cadeau. Puis, comme la veille, il dînait avec nous, et le jour suivant repartait pour Canala.

Ces venues assez fréquentes de Nondo me donnaient à penser. Servan, il est vrai, m'écrivait que Nondo lui avait exprimé le désir de venir à Uaraï et qu'il le mettait à ma disposition. C'était un bon procédé de la part de Servan ; mais pourquoi Nondo tenait-il tant à venir dans l'arrondissement ? Ce n'était pas pour agir de concert avec la colonne. Entre les francs-tireurs et les Canalas, il y avait une rivalité d'efforts et de succès, il n'y avait pas d'entente commune.

La colonne aimait à s'affirmer par elle-même sans les Canaques, et Nondo, de son côté, préférait agir seul avec ses guerriers sans qu'on sût trop ce qu'il faisait. Je n'avais de confiance en lui que selon les circonstances. Si les affaires allaient bien, je me livrais à lui ; si elles allaient mal, je le supposais tout de suite, en évitant autant que possible de le lui montrer, capable de nous trahir.

C'est ainsi que, par deux fois, je fus inquiet. La première, c'était un dimanche du mois de septembre ; nous avions appris le matin le massacre de M. Houdaille et de ses compagnons. Le soir, au dîner, un officier qui revenait de la Foa nous racontait que Nondo et Caké, avec quatre cents Canaques, y étaient arrivés tout à fait à l'improviste vers cinq heures de l'après-midi. Caké était le chef politique des Canalas, très astucieux, très mal disposé pour nous. Nondo et lui ne s'inspireraient-ils pas du massacre récent pour tenter une surprise sur le poste de la Foa? Ils auraient pu réussir. Le poste n'avait que cinquante soldats, et leurs quatre cents Canaques, qui campaient tout auprès, n'auraient eu besoin que d'un élan pour franchir la palissade. A la fin du repas, mon inquiétude augmentant, je dis à Le Golleur et à Gallet qu'il serait bon qu'ils partissent pour la Foa. Ils étaient de cet avis. Nous allâmes tous les trois réveiller les francs-tireurs. Ces braves gens avaient toutes les qualités d'une troupe de partisans. Il nous suffisait de les toucher, un à un, à l'épaule et de leur dire à demi-voix : « Allons, debout, et en route. » Ils se levaient aussitôt, quittant le sommeil, en pleine possession d'eux-mêmes, sans souffler mot, au bout de trois minutes étaient prêts.

A dix heures, les francs-tireurs arrivaient à la Foa,

Duteich en tête et jouant « la casquette », afin de prévenir le poste. L'officier s'était trompé. Caké n'était pas là, mais Nondo s'en alla au-devant de Le Golleur et de Gallet. Il paraissait très surpris, un peu ému, leur demanda ce qu'ils venaient faire : « Le commandant a appris ton arrivée, lui répondit le Golleur, et il nous a renvoyés à la Foa pour que nous allions en guerre demain matin avec toi. » Nondo ne fut point entièrement dupe de cette réponse, fit une grimace de remerciement. Peut-être n'avait-il pas eu de mauvais desseins ; mais, en lui en attribuant et en se préparant à les déjouer, on ne lui faisait pas injure et on ne se l'aliénait pas. Continuels artisans de ruses et de trahisons, les sauvages n'ont qu'en plus grande estime des adversaires qu'ils jugent capables de jouter avec eux, ou des alliés qui se tiennent sur leurs gardes et ne se reposent point aveuglément sur la foi promise.

La seconde fois, c'était encore un dimanche. La colonne était partie le vendredi à deux heures du matin et devait rentrer le samedi soir, soit à la Fonwari, soit à Moindou. Le samedi soir, la colonne n'était pas de retour au camp. Je ne m'en préoccupai pas, mais le dimanche matin j'envoyai un cavalier à Maréchal en le priant, si la colonne n'était pas revenue, de me donner de ses nouvelles dès qu'il en aurait.

A midi, je reçus un courrier. Maréchal m'informait qu'on n'avait point encore vu la colonne à Moindou et me communiquait en même temps, d'après ses francs-tireurs qu'il avait mis en campagne, des renseignements singuliers. Des hauteurs de Maupoué, qui sont au nord de Moindou, jusqu'aux marais de palétuviers qui bordent la mer, on avait trouvé des traces. Elles étaient de deux sortes. Les unes, de larges souliers ferrés en certain nombre et qui semblaient se hâter à la marche, car l'empreinte était légère ; les autres, de pieds canaques qui se posaient rapidement sur le sol, le talon en l'air, l'orteil seul s'enfonçant dans la terre ; on eût dit que les unes s'enfuyaient vers Moindou, poursuivies par les autres. Or c'était à Moindou, sinon à la Fonwari, que la colonne devait se rendre. Qu'est-ce que cela signifiait ? Maréchal n'émettait point d'avis, paraissait inquiet. Je commençai à l'être sérieusement. L'imagination, quand elle s'alarme, va plus vite et plus loin que le malheur ne saurait aller. Le danger de ces expéditions de la colonne, c'étaient les blessés. Il fallait les emporter avec soi. Autrement, ils eussent été massacrés sur place et mutilés, et leurs membres envoyés en guise de trophées aux tribus insurgées. Un blessé, c'étaient quatre hommes hors de combat occupés à le porter, l'attaque plus difficile et la retraite ralentie. Deux blessés, c'étaient dix hommes en moins et la colonne paralysée. J'allais plus loin : je me figurais, dans une de ses deux haltes de nuit, la colonne surprise, Le Golleur ou Gallet tués ou blessés, les francs-tireurs décimés autour d'eux. Les traces qu'on avait relevées étaient alors celles de quelques hommes échappés au sinistre. Le commandant Pasquier et Boulle, pris un peu comme moi de cette angoisse du mystérieux et de l'inconnu, n'étaient pas loin de partager mes craintes, et, sinon aussi fortes, les avaient. Je compris combien la colonne me tenait au cœur. Ces pauvres gens, si vaillants ! Je décidai qu'à deux heures nous partirions, Boulle et moi, avec vingt soldats pour aller à leur recherche. Malheureusement, nous n'avions pas de guide ; Neigre était en permission à Nouméa. Nous savions seulement que la colonne avait remonté la rive droite de la Fonwari. Nous ferions comme elle, nous irions aux contreforts qu'elle devait visiter, et, de là, nous rabattrions sur Moindou.

A deux heures précises, les soldats étaient prêts et nous allions nous mettre en marche, quand un cavalier de Maréchal m'apporta une lettre. Elle était de Le Golleur ; la colonne était à Moindou. On sait que la cessation subite d'une souffrance physique aiguë est semblable à une volupté. Il en est de même de l'anxiété morale qui se dissipe tout à coup. L'âme et l'intelligence se détendent dans le bien-être, se reposent subitement dans le calme. C'est ce qui m'arriva. J'ouvris la lettre. Le Golleur me donnait quelques intéressants et rapides détails sur son expédition et finissait ainsi : « Nous partirons d'ici à quatre heures, et nous serons à six heures à la ferme. Si vous pouviez envoyer deux chevaux pour Gallet et pour moi, vous feriez plaisir à nos jambes. »

A six heures, en effet, la colonne arrivait très fatiguée et affamée. Sauf un demi-repas pris à Moindou, elle n'avait subsisté depuis la veille au matin que de sa galette de biscuit, de son boujaron d'eau-de-vie, de l'eau très fraîche des torrents et de quelques fruits. « C'est dommage, disait gaiement le petit Durand, on s'habituait à ne plus manger. » La colonne n'était rentrée à Moindou que ce jour-là à une heure de l'après-midi, parce qu'elle s'était attardée la veille à suivre des traces et avait dû coucher à la belle étoile. Quant aux empreintes de pas qu'avaient relevées les hommes de Maréchal, on ne put savoir ce que c'était. Après avoir mangé, les francs-tireurs se couchèrent. Nous nous amusâmes à aller les voir endormis. Ils étaient dans leurs hamacs, raides comme des pieux. Ils avaient le visage grossi, couvert de sueur, les bras étendus avec des muscles saillants et les poings fermés. Cette énorme fatigue de soixante heures les avait écrasés et jetés dans le néant. Rien au monde, cette fois-là, n'eût pu les réveiller. Mais ils étaient beaux à voir ainsi.

Toutefois, en ces deux circonstances, Nondo n'était pour rien dans les inquiétudes que j'avais ressenties. Que venait-il donc faire aussi souvent à Uaraï? Ce rusé sauvage ne pouvait avoir pour unique but de se faire un petit revenu avec des têtes coupées. Il devait viser plus haut. Ce fut encore la colonne qui me donna le secret de ses menées. A deux ou trois reprises, dans ses explorations aux contreforts de la table Unio et à la table elle-même, elle trouva des Canaques dans des campements tout fraîchement établis. Ces Canaques, quoique tout tremblants et fort troublés, ne s'enfuirent pas à son approche. J'avais dit à Le Golleur et à Gallet de ne point tuer les sauvages qui ne feraient pas de résistance. On s'aboucha donc avec eux. Ils se réclamèrent de Nondo. Ils niaient avoir pris part à la révolte et prétendaient s'être réfugiés, par peur des blancs et avec l'autorisation de Nondo, sur le territoire canaque de Canala. Les contreforts de la table Unio et la table pouvaient à la rigueur être considérés comme la limite extrême, dans l'ouest, de ce territoire. Ces Canaques mentaient en se déclarant innocents, mais ils étaient désarmés et devenus inoffensifs. On m'en amena quelques-uns, qui n'osèrent point refuser de venir me voir. Je ne les reçus point mal et je les relâchai. Une autre fois, à la hauteur de Pierrad, à une quinzaine de kilomètres au nord du poste de la Foa, dès la pointe du jour, la colonne, à l'improviste, rencontra Nondo avec une centaine de ses guerriers. Il était à la limite des territoires d'Uaraï et de Canala et plantait des poteaux sur lesquels il y avait : « Canala, territoire de Nondo. » A la vue des francs-tireurs, il parut tout d'abord très surpris et contrarié, puis se remit. C'était Servan, dit-il, qui lui avait donné ces poteaux et il les posait afin qu'on ne ravageât point par erreur les cultures des Canalas. La chose, pour le moment, en resta là. Ainsi, depuis quelque temps déjà, Nondo faisait de la pacification à son profit. Il courait la brousse, rencontrait des révoltés et les sommait de s'inféoder à lui et à sa tribu. S'ils refusaient, il les combattait. C'est alors qu'il rapportait quelques têtes à la Fonwari. S'ils acceptaient, au contraire, il les recueillait, à l'abri de notre poursuite, sur le territoire neutre de Canala, et, ces jours-là, revenait au camp, ayant fait buisson creux. Je m'expliquai pourquoi la colonne maintenant surprenait si rarement des Canaques. Il est vrai que, par ses courses continuelles qui les harcelaient, elle les jetait d'autant plus dans les bras de Nondo.

En somme, à y bien réfléchir, Nondo faisait nos affaires. Cette guerre canaque, en supposant qu'on ne lui assignât qu'un but de châtiment et de vengeance, se prolongeant trop, menaçait de ne jamais aboutir. A Uaraï comme ailleurs, pour un révolté qu'on prenait par hasard et qu'on fusillait sans pitié, cent autres se faisaient plus insaisissables encore, fuyaient devant nous frappés de terreur ou, ne s'inspirant plus que de leur désespoir et de leur haine, se livraient, quand ils le pouvaient, à des massacres ou à des assassinats isolés qui rendaient impossible la réinstallation des colons dans la brousse. Il était sage d'en venir, avec les dehors de la clémence, à un oubli volontaire du passé. La clémence, quand elle s'appuie sur la force, est toujours bonne en soi, mais il est surtout habile de la pratiquer lorsqu'elle peut donner promptement des résultats utiles. Ce que Nondo tentait à son profit, il n'y avait, pour pacifier entièrement l'arrondissement, qu'à le tenter pour notre compte, et c'est à quoi je me mis à songer. Ce qui me déterminait aussi, c'était l'épuisement de la colonne. Depuis trois mois, — nous étions à la fin d'octobre, — elle était à la tâche. Elle aurait pu marcher tous les jours sans se fatiguer, mais ses sorties de deux jours de suite par semaine l'accablaient. Cinq jours de repos complet et de bonne nourriture ne la rétablissaient pas. A chacun de ses retours, depuis un mois surtout, quelques-uns de ses hommes s'effondraient. On avait un terme pour le dire : ils étaient vidés. Ils revenaient sans appétit, ne mangeaient plus, avaient des vomissements, se sentaient d'une faiblesse extrême et s'alitaient. On les remettait sur pied, avec de grands soins et très lentement. Ce n'était qu'en apparence. A la première marche qu'ils essayaient, ils avaient une rechute, et, dès lors, il ne fallait plus compter sur eux. Le Golleur et Gallet, qu'on avait surnommé Bas-de-cuir, demeuraient debout, presque intacts, mais les marins avaient été touchés les premiers. Je les renvoyais un à un à bord. Puis ç'avait été le tour des déportés. Deux ou trois s'en étaient retournés à Moindou, par mon ordre, absolument las. Les Mercury, très durs, tenaient bon encore. Cependant, sans exception, tous les hommes de la colonne restés valides étaient extraordinairement maigres et efflanqués. Ils prétendaient, en riant, qu'en leur plaçant une chandelle derrière le dos on leur voyait les côtes au travers du corps. Cette troupe d'élite était à bout.

Je savais que Servan avait les mêmes idées que moi. Je lui écrivis pour me concerter avec lui. J'écrivis aussi au gouverneur pour lui proposer, en ce qui regardait l'arrondissement d'Uaraï, un essai de pacification graduelle qui rendrait la brousse à la tranquillité et à la colonisation. Le commandant Olry, de son côté, inclinait à la fin de la guerre. Il allait bientôt le dire, au mois de décembre, aux tribus de Païta, qui, dès le premier jour, avaient fait cause commune avec nous et qui annoncèrent aux révoltés qu'on les recevrait à merci. Toutefois le gouverneur voulait que les Canaques à qui l'on faisait grâce de la vie abandonnassent l'arrondissement et fussent transportés soit à l'île des Pins, soit aux îles Belep dans le nord. Non seulement cela supprimait les indigènes, mais nous donnait une quantité considérable de terres fertiles. Dans l'alternative où les Canaques se trouvaient placés de se soumettre, un peu à la façon d'esclaves, au joug de Nondo, ou d'être pourchassés à outrance par lui et par nous, il devenait probable qu'ils accepteraient l'exil. Il ne nous fallait plus pour intermédiaire auprès d'eux qu'un sauvage qui fût apte à ce rôle et qui, au contraire de Nondo, ne travaillât que pour nous. Les circonstances et Maréchal allaient nous le donner.

XIII

NAOUNO. — LES DERNIÈRES EXPÉDITIONS A LA OUA-TOM
ET A L'ILE LE BRIS. — REDDITION DES TRIBUS

Depuis que Maréchal avait le commandement de Moindou, je l'avais laissé à peu près libre d'agir comme il le voudrait. Mais Maréchal était un vigoureux officier. En peu de temps, il avait entraîné ses hommes et, par de nombreuses expéditions, nettoyé son territoire du côté de Bourail jusqu'au 21ᵉ kilomètre. Le 21ᵉ kilomètre, que j'avais recommandé à Maréchal de ne point dépasser, était en effet la limite des arrondissements d'Uaraï et de Bourail, et les commandants d'arrondissement se gardaient par courtoisie d'opérer les uns chez les autres. Il arriva cependant une fois que des traces relevées par Maréchal et suivies par lui le conduisirent à une lieue et demie environ au delà de cette limite. Elles s'arrêtaient là à des grottes formées par des roches amoncelées. Maréchal ne douta point que les Canaques ne fussent dans les grottes et les somma de se rendre. On ne lui répondit que par deux coups de fusil tirés par les interstices des pierres. L'un blessa un soldat, l'autre détacha un éclat de roche qui contusionna Maréchal à l'épaule. Alors Maréchal se mit en devoir d'enfumer les grottes. Malheureusement elles avaient une ouverture à leur sommet. La fumée qui s'introduisait au ras du sol, dans les corridors, s'échappait par cette cheminée. Le résultat ne s'obtenait donc qu'à demi. Il était déjà tard. Maréchal avait un blessé, n'avait plus de vivres et ne pouvait s'obstiner à une besogne ingrate. Il fallait, quelque regret qu'on en eût, revenir à Moindou. On s'y disposait, quand une voix qui s'exprimait en très bon français sortit des grottes. Cette voix disait : « Commandant, écoutez-moi. Je suis Naouno. J'étais interprète à Bourail. On m'a accusé d'avoir pris part à la révolte. Ce n'est pas vrai, j'étais innocent, mais j'ai eu peur et je me suis réfugié dans ces grottes avec ma femme et mes enfants et des guerriers de ma tribu. Je veux faire ma paix avec les blancs. Si tu promets de ne pas me faire de mal et de ne pas me retenir prisonnier, j'irai te voir et parler avec toi demain à Moindou. » Maréchal le lui promit. Cela le tirait d'embarras et lui permettait de s'en retourner avec les honneurs de la guerre. Le lendemain, Naouno vint à Moindou et s'offrit, ainsi que ses guerriers, à Maréchal, pour étouffer l'insurrection. Maréchal me l'amena à la Fonwari. Du premier coup d'œil que je jetai sur Naouno, je fus enchanté de lui. C'était un joli sauvage de vingt-cinq ans, aux yeux très vifs, vigoureux et souple, d'une physionomie expressive, de gestes élégants et faciles. Il avait un pantalon blanc, une tunique et un képi. Il me raconta, non sans désinvolture, que l'insurrection, loin de l'attirer, l'avait fort dérangé dans ses habitudes et dans ses goûts, que sa femme s'habillait avec des robes et qu'il vivait à la française avec elle et ses enfants, dans une maisonnette à Bourail. Les soupçons injustes dont il avait été l'objet l'avaient rejeté, bien malgré lui, dans les bois. Ce qui m'étonnait et me charmait, c'était son langage et sa netteté à répondre. Il n'était pas besoin, pour s'entendre avec lui, de ces colloques à monosyllabes et sans fin qui sont la diplomatie des sauvages. Il avait des politesses et des termes surprenants. « Vous comprenez, me disait-il, quand j'ai craint d'être fusillé, j'ai été forcé de gagner au pied. » Où avait-il pris cela? dans quelque roman? Il lisait et écrivait bien. Il ne tutoyait que rarement la personne à qui il parlait. Quelques jours après, en déjeunant chez Maréchal avec sa femme et le médecin du poste, il dit à ce dernier : « Vous me pardonnerez, docteur, de parler devant vous en canaque à ma femme, mais elle ne sait pas beaucoup le français. » Il fut convenu, séance tenante, avec Naouno, qu'il se mettrait, lui et ses guerriers, à la disposition de Maréchal; et qu'il s'emploierait par la persuasion, la ruse ou la force à la pacification de l'arrondissement.

Je ne m'inquiétai pas de savoir si Naouno avait été coupable ou non. La seule chose qui importât, c'est qu'il nous fût utile, et il le fut tout de suite. Du premier jour, il se mit à courir la brousse avec ses trente-cinq guerriers. Tout d'abord, il procéda comme Nondo, en nous apportant à Maréchal ou à moi quelques têtes.

On l'en remercia et on l'en récompensa. Puis, coup sur coup, et à quelques jours seulement d'intervalle, il amena à Teremba, où on les interna aussitôt, les tribus ou ce qui en restait du Grand et du Petit-Moindou, des Moméas et des Scinguiés. C'était un total de deux cents Canaques, hommes, femmes et enfants, qui, en échange de la vie sauve, acceptaient l'exil à l'île des Pins. Naouno les avait trouvés un peu partout, au bord de la mer, dans les palétuviers, par petits groupes dans les bois et au delà du vingt et unième kilomètre.

A vrai dire, tous ces sauvages mouraient de faim, et Naouno leur avait surtout promis à manger. On les nourrit très bien à Teremba, par une sorte d'humanité, parce qu'ils étaient lamentables à voir et aussi pour qu'ils n'eussent point la tentation de s'échapper. Je ne crois pas qu'ils en eurent envie.

Ils s'épanouissaient dans la nourriture, et le chef du Grand-Moindou, qui était en même temps le chef féodal des autres tribus, était certainement de tous ses Canaques celui qui songeait le moins à la fuite. Déjà vieux, débonnaire et paterne, avec un haut cercle de cuivre en forme de couronne autour de la tête, il avait l'air d'un roi de féerie. La *Vire* vint prendre ces Canaques et les transporta en exil à l'île des Pins.

A la Fonwari, en cette phase décroissante de l'insurrection, nous obtînmes un résultat qui nous appartint en propre. Un jour, à la porte même du camp, une femme canaque fut prise ou se laissa prendre ; on ne la maltraita pas, et, comme elle disait quelques mots de français, on l'interrogea. Elle nous dit qu'elle était la femme de Pollio, que tous les Farinos étaient très malheureux et que, s'ils étaient sûrs qu'on ne leur fît point de mal, ils se rendraient. C'était évidemment une ouverture qu'elle nous faisait de la part de sa tribu. Je l'engageai alors à retourner vers Pollio et à lui dire qu'il pouvait venir. Elle partit à la nuit tombante.

Le jour suivant, vers cinq heures de l'après-midi, nous la vîmes revenir avec un groupe de sauvages qu'elle précédait. C'était Pollio, tenant par la main son fils, un enfant de quatre ans, et cinq de ses guerriers. Ils n'étaient point en tenue de guerre, mais tous étaient armés. J'allai au-devant d'eux jusqu'à quelque distance de la porte, puis je les attendis. Pollio s'avançait d'un pas incertain, très ému et très pâle. La pâleur se voit sous la peau noire. Elle se décolore.

Ses compagnons et lui, comme effrayés de s'être livrés au péril, serrent de leurs doigts crispés leur hache ou leur sagaie. Ils semblent, d'ailleurs, épuisés par les privations. Pollio, qu'on a connu gros et gras, a notablement diminué. Je lui tends la main, je lui souhaite la bienvenue et je lui laisse ses armes. Ses guerriers aussi gardent les leurs. Cela leur cause un grand soulagement et un orgueilleux plaisir. Ils pénètrent dans le camp, à demi rassurés déjà, parmi les rassemblements divers et curieux qui se sont formés pour les voir. Je dis à Pollio : « Pourquoi n'es-tu venu qu'avec un si petit nombre de tes Canaques ? — Les autres ont eu peur. Si tu le veux, j'irai les chercher demain. Ils verront que tu ne m'as pas fait de mal et ils viendront. — Je le veux bien, tu iras. »

Les Farinos s'installent sous un gourbi, y mangent en affamés et s'y endorment. Le lendemain matin, Pollio monte à ma maison pour prendre congé de moi. Il tient encore son fils par la main, mais l'enfant pleure à chaudes larmes. Il veut accompagner son père. Pollio le caresse et me dit : « Veux-tu le laisser venir avec moi ? » J'hésite une seconde. Si l'enfant reste au camp, c'est un otage, Pollio reviendra. Si Pollio, au contraire, emmène son fils, il peut me manquer de parole. Toutefois, c'est la tribu entière des Farinos qu'il m'importe d'avoir et je joue le tout pour le tout. Je donne des friandises à l'enfant et je dis à son père : « Emmène-le. » J'attendis le soir avec une certaine impatience. Vers cinq heures, Pollio ramenait avec lui une vingtaine de ses Canaques, guerriers, femmes et enfants. Il opéra de la sorte cinq ou six jours de suite, et la tribu tout entière, par fractions successives, se trouva réunie au camp. Un bâtiment arriva pour la prendre. C'était le moment difficile. Ces Farinos, au nombre de quatre-vingt-dix, étaient à la Fonwari, et il fallait les conduire à Teremba.

Lafond, que Boulle avait remplacé à la Foa, se chargea de la corvée. Les guerriers encore en armes, les femmes ployant sous les fardeaux, prirent place entre deux files de soldats de la 7ᵉ. Lafond, de façon amicale, gardait Pollio près de lui. A Teremba, il n'y avait point de dispositions apparentes ; mais, quand les Farinos s'engagèrent sur l'étroite chaussée qui mène au débarcadère, les soldats de Vanauld se montrèrent de chaque côté, négligemment. Lafond dit alors à Pollio que ses guerriers ne pouvaient emporter leurs armes dans l'exil. Pollio et ses Canaques hésitèrent un instant, puis courbèrent la tête et déposèrent leurs armes sur le sol. Aussitôt après, ils s'embarquaient.

Par suite de la reddition de ces diverses tribus, il n'y avait plus dans l'arrondissement qu'une bande de Canaques d'Uaraï à l'île Le Bris et, en dehors de l'arrondissement, mais près de sa limite, Areki, dans ses difficiles retraites de la Oua-Tom. Les Canaques de l'île Le Bris nous regardaient seuls ; pour Areki, il fallait s'entendre, au sujet d'une action commune, avec Canala et Bouloupari. Toutefois, avec le temps qui avait marché, des postes s'étaient construits ou se construisaient qui rendraient la besogne plus aisée.

C'étaient le poste Dezarnauld sur la Ouameni, dépendant de Bouloupari et au nord de la Oua-Tom, et Popidéry, qui appartenait à l'arrondissement et qui se trouvait au sud du territoire d'Areki. Quoiqu'on ne cessât de harceler la Oua-Tom, on attendait pour y tenter une opération décisive que ces postes fussent établis.

Nous nous occupâmes tout de suite de l'île Le Bris. L'expédition dut avoir lieu le mardi 3 décembre. Dès le dimanche soir, la colonne alla coucher à la Foa. Depuis quelques jours, elle s'était en partie renouvelée. Ses marins, pour la plupart hors de service, étaient rentrés à bord de la *Vire* et avaient été remplacés par des soldats de Lafond. Les déportés aussi avaient été changés. Malherbe et ses cinq premiers francs-tireurs, ayant reçu leur grâce, rentraient en France par la *Loire*. Des francs-tireurs de Teremba et deux solides mineurs qui revenaient sans ouvrage de Ouegoa avaient comblé les vides. Les Mercury étaient à peu près les mêmes. Quant à Le Golleur, Gallet et Mercury, ils conservaient leur santé et leur ardeur. Duteich avait toujours son clairon. La colonne, avec ces éléments nouveaux, en était à son début et brûlait du désir de se signaler et de se montrer égale à elle-même. Le lundi, elle partait de très bonne heure de la Foa, faisait un crochet vers Popidéry, puis, par les bords de la baie Chambeyron, se rabattait vers l'île Le Bris. Elle y poussait ainsi les Canaques qui pouvaient s'en être éloignés. Le mardi matin, elle devait se trouver à l'affût dans la brousse au bord du petit bras de mer qu'on peut passer à gué et qui sépare l'île de la terre ferme. A Teremba, nous avions un autre rôle à jouer. Le mardi, dès deux heures du matin, une embarcation bien armée partirait de Teremba pour doubler l'île Le Bris et gagner la baie Chambeyron. Et, avec deux autres chaloupes, chargées des soldats et des francs-tireurs de Vanauld, nous irions, Vanauld et moi, aborder directement l'île du côté de la rade.

La colonne prit son poste dès le lundi soir, en pleine nuit. Aux premières clartés du matin, elle fut très étonnée de découvrir sous bois, tout auprès d'elle, un approvisionnement de taros, d'ignames et de poissons séchés. A qui cela était-il destiné ? Peut-être à Areki, qui le recevait par des sentiers détournés ou par des pirogues. Tout à coup, au moment où le soleil se levait, une dizaine de femmes canaques se montrèrent au bord de l'île Le Bris et entrèrent dans la mer en se dirigeant vers la colonne. Elles étaient jeunes pour la plupart, portaient des corbeilles, riaient ou chantaient en s'avançant dans l'eau, ne se doutaient d'aucun péril. Par la brume légère du matin que dissipait ce soleil rose, tandis que l'étroit chenal ouvrait ses rives d'un vert sombre et que le flot remué par les ébats des femmes avait ses scintillements sous la lumière et jetait dans l'air sa note sonore, c'était une jolie scène canaque. Les francs-tireurs, un peu surpris, la regardaient avec plaisir.

Les femmes abordèrent, toujours insoucieuses. Mais tout aussitôt les francs-tireurs se répandirent, les enfermèrent dans un demi-cercle. Précipitamment, avec un grand cri, elles se rejetèrent à l'eau. En vain on leur disait de se rendre, elles ne s'en hâtaient que davantage à la rive prochaine. On s'était mis à leur poursuite quand une vingtaine de Canaques surgirent de la brousse au bord de l'île. Ils accouraient armés aux cris des femmes, firent mine de les recueillir et d'attendre les blancs. On s'arrêta une seconde et on leur cria de se rendre. Leur chef, qu'on ne reconnut pas, fit alors un petit discours très véhément, qu'on ne comprit qu'à sa péroraison. Cette péroraison, il faut l'avouer, était le geste impoli d'Ajax que les Canaques avaient dû nous emprunter. Il fut suivi de pierres de frondes, du jet des sagaies et de deux coups de fusil. Alors les francs-tireurs, exaspérés moins de l'attaque que de l'insolence qui l'avait précédée, firent feu sur les Canaques. La crainte était que ceux-ci ne s'enfonçassent dans l'île, où il eût été difficile de les trouver. Mais, soit qu'ils en eussent décidé autrement, soit qu'ils eussent eu connaissance de nos deux chaloupes qui accostaient l'île en ce moment, ils prirent par la gauche et se jetèrent dans la baie Chambeyron. Les francs-tireurs s'y jetèrent après eux, mais ils eurent bientôt de l'eau jusqu'aux genoux et jusqu'au ventre.

Les Canaques au contraire, s'empressant à la fuite.

SUR LES VINGT-ON EN TUA SEIZE.

paraissaient s'envoler par un sentier sous-marin qui ne les mouillait qu'au-dessus de la cheville. Alors on fit halte et on les tira. Ils se détachaient, à la file indienne, en vigueur, sous le ciel bleu. Les soldats tiraient très bien, mieux qu'on ne l'eût fait dans l'ancienne colonne, et ils avaient du temps devant eux, car les Canaques avaient, sur cette arène liquide, plusieurs kilomètres à parcourir avant de gagner l'extrémité de la rade. Les sauvages, atteints un à un, s'abattaient dans l'eau par une culbute d'agonie. Sur les vingt, on en tua seize. La chaloupe qui avait doublé l'île faisait feu de son côté. Quand ce fut fini, la colonne revint à terre et nous rencontra. Pendant trois heures, on fouilla l'intérieur et ses arroyos. On découvrit dans deux campements que l'on brûla un très grand butin de linge, de vêtements et d'ustensiles de colons, de filets de Canaques. On découvrit aussi cinq pirogues et deux baleinières qui avaient été volées à la baie Chambeyron. On fit cinq femmes prisonnières. Nous en avions terminé avec le repaire de l'île Le Bris.

Il ne restait plus que l'expédition contre Aréki. Elle allait se faire les 4 et 5 février 1879 et employer toutes nos forces. Depuis deux mois, on continuait à se buter isolément contre ces bois et ces mornes.

Tantôt c'était la colonne, tantôt Servan avec ses Canaques. On ne faisait qu'un peu de butin et on ne tuait qu'un ou deux sauvages. Mais, en revanche, les postes de Dezarnauld et de Popidéry, d'où l'on allait pouvoir opérer aisément, étaient complètement achevés. Le poste de Popidéry, de la même façon que celui de la Foa par Lafond, avait été rapidement construit par Becker. Cet officier, ardent et systématique, excellent quand on le mettait sur sa voie, en avait été l'ingénieur, y avait manié les ouvriers et les soldats.

Peut-être la présence de madame de Coutouly, intrépide comme toutes les femmes de colons, y avait-elle excité ses efforts. Il y a souvent une femme dans les résultats promptement et heureusement obtenus. Le poste de Popidéry, comme celui de la Foa, avait en outre le mérite de s'être en quelque sorte improvisé, de n'avoir pas coûté cher. La main-d'œuvre en revenait aux Mercury, presque tous ouvriers d'état, que j'avais prêtés à Becker, et les niaoulis ainsi que les bancouliers du voisinage en avaient fait les frais. Il était dans la position la plus favorable, dominant la mer et la brousse à l'extrémité de la Langue-de-Chat, où nous avions campé plusieurs fois.

Le 4 février, je partais de la Fonwari avec la colonne et les éclaireurs à cheval. Vaux-Martin ayant été envoyé à Bourail, c'était maintenant le surveillant Dougnac, un ancien sous-officier et un vaillant homme, modeste et dévoué, qui les commandait. Nous prenions à La Foa, pour les emmener avec nous, Lafond et quarante de ses soldats. Mais le passage de la rivière grossie par les pluies de la nuit et qui roulait ses eaux en torrent n'était pas commode. On la traversa, homme par homme, en croupe des cavaliers de Dougnac. Vers le soir, nous étions en vue de Dezarnauld, qui était le rendez-vous commun. C'est là que nous rencontrâmes Servan et tous se Canalas. Il avait avec lui tous les chefs, Gelima, Caké et Nondo. De loin et de toutes parts dans la brousse verte, ils apparaissaient en points noirs mobiles qu'éclairait quelque oripeau, celui du vêtement traditionnel ou un morceau d'étoffe roulé autour de la tête. On se rejoignit avec de grandes démonstrations d'amitié. Ces expéditions n'étaient plus que le plaisir de la chasse. Le lendemain matin on s'organisa. Lafond et Artus avec quarante-cinq soldats et cent vingt Canalas avaient à pénétrer dans les gorges de la Oua-Tom par un point des versants ouest ; Le Golleur avec la colonne par un second point. Le lieutenant de Baudéand, du poste de Dezarnauld, avec vingt-cinq soldats, et Amouroux avec les soldats de Narbonne, y pénétraient par deux points des versants est. Sandouly, un petit chef, avec soixante-quinze Canalas, descendait tout droit de Dezarnauld sur la Oua-Tom. Un détachement de Popidéry, avec Becker, y montait du sud au nord. Une autre troupe se détachait de la Foa pour se porter à la limite Est de la vallée, en observation. Enfin je partais avec les dix cavaliers Dougnac, six Amouroux, quatre Mercury, Gelima, Caké et les Canalas pour contourner plus au large et par l'est, jusqu'à Popidéry, tout le massif de la Oua-Tom. Le rendez-vous général était le soir à Popidéry. C'était une de ces vastes battues, de la circonférence au centre, dont nous avions pris l'habitude.

Chacun devait être sur son terrain à sept heures et le mouvement concentrique en avant s'effectuer à huit heures. Toutefois, au moment du départ à cinq heures, il y eut un changement. En passant la revue des francs-tireurs, je m'aperçus que Le Golleur, déjà malade la veille, serait hors d'état de marcher. Il le voulait cependant, mais il était pâle et s'appuyait sur sa carabine. Lui aussi, à son tour, était vidé par ces longues fatigues. Heureusement que nous touchions au terme. « Mon cher enfant, lui dis-je, on serait forcé de vous porter, ce qui serait un embarras. Venez à cheval avec nous. La colonne fera son devoir en pensant à vous. » Lafond prit alors le commandement des francs-tireurs et Artus celui des soldats de la 7ᵉ compagnie.

Le circuit que nous fîmes avec nos cavaliers fut très long. Nous marchâmes au pas, près de douze heures, par un soleil accablant et le plus souvent sans la fraîcheur des bois. Deux ou trois fois on s'arrêta au bord des ruisseaux sous des arbres, moins pour se reposer que pour se dérober à ces rayons de feu qui dardaient avec eux l'insolation sous les crânes. Dès que le vertige et le coup de massue n'étaient plus imminents, on se remettait en marche. Nous arrivâmes à Popidéry quand déjà les divers détachements s'y trouvaient. Chacun d'eux rapportait du butin, des femmes et des enfants prisonniers et des têtes.

Mais on ne s'était pas emparé d'Areki. Toutefois, lorsque la nuit fut venue, Nondo, qui ne se hâtait jamais aux confidences, nous prit mystérieusement à part, Servan et moi. Salomon, le frère de Nondo, d'une habile et cauteleuse politique, avait eu une entrevue avec Areki, dans une retraite inaccessible, au milieu même des incidents de la battue.

Areki, las de lutter, affamé, ruiné, sentant bien qu'il succomberait, n'avait demandé que la vie sauve et avait promis de se rendre. Le lendemain en effet, Servan, en retournant à Canala, le rencontra sur son chemin à Moreo. Areki fut jugé par une cour martiale et exilé à l'île des Pins.

Tels furent les derniers événements dans l'arrondissement d'Uaraï. Tout s'était passé ailleurs d'une façon à peu près semblable. Le chef d'escadron d'artillerie Bagay, à Bouloupari, le commandant de Maussion à Bourail, le lieutenant-colonel Wendling à Gomen et à la Poya, avaient peu à peu, avec l'aide de tribus alliées, détruit les insurgés, et ce qui en restait s'était rendu. Je n'ai pas à raconter, n'en ayant pas été le témoin, ce qui se dépensa d'efforts, ce qui s'endura de fatigues sous le commandement de ces vaillants officiers. Je ne veux payer qu'un tribut de sympathie et de regrets au sous-lieutenant Rochel, mort à vingt-trois ans, percé d'une balle, au cap Goulvain, à l'attaque d'un retranchement canaque.

Au mois d'avril 1879, les redditions se continuaient, des postes nombreux dominaient le pays, les colons se réinstallaient dans la brousse. L'insurrection avait pris fin.

XIV

LE RÉGIME PÉNITENTIAIRE ET LES LIBÉRÉS.
DU PRÉSENT ET DE L'AVENIR DE LA NOUVELLE-CALÉDONIE.

Je ne crois pas qu'il faille chercher à cette insurrection de la Nouvelle-Calédonie des causes particulières ou locales. Il y en eut peut-être, mais quelques actes isolés d'arbitraire ou de mauvais traitement ne suffisent pas à soulever un pays. Un grief plus grave serait la prise de possession, plus ou moins justifiée, de terres canaques et l'irruption du bétail dans celles qu'on laissait aux indigènes. Leurs plantations ravagées, c'était pour eux la faim ou le travail sans relâche. Mais la grande cause de l'insurrection, la seule pourrait-on dire, c'est l'antagonisme qu'on a vu de tout temps, du peuple conquérant et du peuple conquis. Il faut que ce dernier soit absorbé par l'autre ou qu'il disparaisse. Or ces races noires ou cuivrées, qu'elles soient de l'Amérique ou de l'Océanie, ne s'absorbent pas. Elles diffèrent trop de la race blanche par des mœurs d'instinct qui n'ont jamais progressé, par une invincible répugnance au travail, par leur indifférence complète pour une civilisation dont elles ne peuvent apprécier les bienfaits, n'en ayant pas les besoins. Il arrivera donc, comme cela s'est vu sur le continent américain, que ces peuplades rudimentaires se soumettront et se révolteront tour à tour, mais que, se laissant aller, sans souci du passé et sans prévoyance de l'avenir, aux sensations immédiates qu'on éveillera en elles, elles se combattront les unes les autres au gré de ces sensations et au profit de leur ennemi commun. Tout au plus, la race de métis qui se montre en germe en Nouvelle-Calédonie sera-t-elle plus consciente de ses vrais intérêts, mais ces intérêts seront ceux de son sang nouveau et la tourneront vers les blancs. D'autres insurrections pourront éclater, elles ne seront pas plus redoutables que celle-ci, où les sauvages, incapables de menacer sérieusement un établissement bien gardé, n'ont été en somme que de parfaits assassins dans la brousse. On les aura, comme on les a eus, en partie, contre eux-mêmes, et avec les forces dont la colonie dispose, avec l'expérience qu'elle a prise de cette guerre, il sera toujours aisé de comprimer le mouvement. En attendant, lors des temps ordinaires, il sera humain et politique de laisser les Canaques tranquilles sur les territoires où ils se refouleront de plus en plus. Ils n'entraveront pas plus la colonisation en s'en abstrayant qu'ils ne lui viendraient en aide si on les y mêlait.

La colonisation n'en est encore qu'à ses débuts. Jusqu'à présent, la Nouvelle-Calédonie n'a vécu, selon l'ancienne expression, que « des gens du roy ». Il y avait à fournir aux besoins courants des troupes de terre et de mer, des fonctionnaires, des officiers et de leurs familles, plus encore du nombreux personnel de l'administration pénitentiaire ; cela a donné naissance et pâture à un certain nombre de marchands, au commerce proprement dit, commerce de détail, en tous genres, établi surtout à Nouméa et un peu dans les centres. Quant aux fournitures en gros et de toutes sortes, notamment en vivres, elles sont venues de France ou d'Australie. En fait de ressources qui lui fussent particulières, la Nouvelle-Calédonie n'en fournissait que peu, beaucoup moins par indigence que parce qu'il n'y avait personne pour les exploiter. En effet, en dehors des commerçants, il y avait à peine quelques éleveurs de bétail et quelques industriels s'occupant des mines. Il faut remarquer que la population des colons, qui, au 1er janvier 1866, n'était que de 777, ne s'était élevée au 1er janvier 1877 qu'au chiffre de 2752. C'est peu de monde pour coloniser un territoire aussi vaste que la Nouvelle-Calédonie, surtout quand ce peu de monde pourvoit déjà par le commerce aux besoins d'entretien d'une population relativement improductive, qui se composait, en 1877 également, de 3 032 militaires et employés civils, de 3 836 déportés et 6 000 transportés. Un tel état de choses n'est certes point florissant; mais, quand il ne s'agit que d'une colonie ordinaire, il est acceptable. Le système des « gens du roy » est un début. Peu à peu, bien que lentement, les ressources s'accroissent, et la colonie paye ou payera une partie de ses frais. C'est l'État qui se charge de la différence. Mais la Nouvelle-Calédonie n'est pas une colonie ordinaire ; sa destination pénitentiaire lui crée une situation exceptionnelle. Le bagne a du bon. Quoiqu'il produise peu, il produit néanmoins et, dans une certaine mesure, s'entretient lui-même. Il fait les routes, les travaux d'utilité publique ; il est l'instrument lent mais efficace de l'administration. Il n'est toutefois qu'un rouage passif. Ce n'est qu'à la sortie du bagne que le rôle actif, que les destinées très importantes, presque redoutables, d'une colonie pénitentiaire s'accusent et se précisent. Que faire des libérés? Peu nombreux encore aujourd'hui, ils s'appelleront un jour légion et sont déjà un vif sujet de préoccupation. En grande partie ils sont sans moyens d'existence et, de façon indirecte, demeurent à la charge de l'administration. C'est et ce sera là une charge écrasante, matérielle et morale. Aussi sent-on qu'il faut aviser. Il y a un avis qui semble prévaloir, en Nouvelle-Calédonie. La colonisation se ferait avant tout par les colons libres ; le bagne passif continuerait d'être, comme il l'est, l'auxiliaire des résultats administratifs ; les libérés, à qui la réhabilitation par le travail et la bonne conduite serait d'ailleurs accessible, resteraient dans une situation surveillée et subalterne, toute de dépendance. Cependant, comme cet avis ne prévoit pas sans crainte l'augmentation indéfinie du nombre des libérés, il va plus loin : il voudrait se débarrasser du trop-plein des libérés et en partie du bagne lui-même, en les transportant aux Nouvelles-Hébrides. Et cela par un sentiment irréfléchi d'une supériorité d'honnêteté qui veut s'affirmer, sans songer aux difficultés d'installation qui, si grandes et si coûteuses qu'elles aient été à la Nouvelle-Calédonie, le seraient bien davantage encore dans des îles sans rades hospitalières, au climat insalubre et aux sauvages belliqueux. La preuve que les Nouvelles-Hébrides ne sont bonnes à rien, c'est que les Anglais ne les ont pas prises, et l'on peut ajourner l'intention où l'on serait de s'y installer, sans avoir à courir le risque qu'ils nous y devancent. Il faudrait en outre, pour que le système qu'on préconise eût des chances de réussite, qu'il y eût en Nouvelle-Calédonie ce qu'il n'y a pas en quantité suffisante : des colons libres. On a vu avec quelle lenteur le nombre s'en accroît. Il faudrait enfin admettre, ce qui est contraire à la nature humaine, que les libérés, qui seront en peu d'années le nombre et la force, se résigneront indéfiniment à une situation subalterne dans le seul but de rentrer en grâce auprès d'une société restreinte qui les primera de ses privilèges et de ses droits et ne leur ménagera ni l'hostilité ni le dédain. Rien de cela ne saurait être. Je crois, loin de là, que, pour le développement et la prospérité de la Nouvelle-Calédonie, il faut résolument et sans arrière-pensée adopter la colonisation pénitentiaire et ne compter que sur elle. Il est fort probable que, si elle a ses coudées très franches, elle réussira. Certes, les libérés resteront astreints au doublage sans lequel le pays ne se peuplerait pas, mais ils devraient, dès qu'ils sortent du pénitencier, rentrer absolument sous le droit commun, être, de par la loi, les égaux des colons et devenir, sans entraves, libres de leur personne et de leurs actes. Ils s'en iraient alors à ce goût de solitude dans le travail et dans l'effort qu'on a pu constater chez eux comme chez les colons eux-mêmes, à cet individualisme qui est seul puissant et fécond au commencement d'une société. Ils arriveraient en progressant à l'agglomération qui se consent d'un mutuel accord, au lieu de s'attarder ou de rétrograder en ces villages artificiels, en ces rassemblements qui leur sont imposés, qui ont eu leur raison d'être à la fin de l'insurrection, mais qui, sauf les minces résultats d'un travail indécis, ne seraient, en se perpétuant, que des centres de misère et de désordre. On a pu en voir les raisons morales au cours de ce récit. Il faut que le libéré se fuie, pour se reprendre, dans la brousse. Il y portera en tous points son activité et sa présence. Il y aura son fusil, s'il le faut, contre les sauvages ou contre son voisin. Ce sera tant pis si quelques incidents regrettables se produisent. Ni un désordre ni une violence ne comptent isolément dans une œuvre qui se fonde. Les pénitenciers ou le bagne proprement dit resteraient affectés, sous la direction de l'administration, aux travaux qui veulent des bras et du temps. Quant aux colons libres, au lieu d'être de pauvres gens qu'attire le mirage des richesses lointaines, ils n'arriveraient qu'avec des capitaux dans une colonie déjà en essor et s'y feraient une place par leur initiative et leur intelligence.

Peut-être, en face des résultats obtenus par la colonisation pénitentiaire, y contracteraient-ils vis-à-vis des libérés sinon cette indulgence, du moins cette indifférence philosophique qu'ont les Anglais dans la pratique de la vie. Ce serait là un grand bien pour la colonie, car rien ne lui est plus désastreux que l'honnêteté prudhommesque où se cantonnent les colons libres, que la morgue extrême qu'ils en affichent. En principe, on peut avancer que dans une colonie pénitentiaire il ne devrait y avoir d'autres honnêtes gens que ceux qui sont en train de le devenir. D'ailleurs les colons ne perdraient rien à cet éclectisme qui leur est inconnu aujourd'hui. Dans l'ordre moral, tout ce qui est en bas tend à s'élever, et la population des convicts s'améliorerait plus vite, pour son compte et dans ses enfants, par des relations d'égalité et de cordialité avec l'élément libre. On peut en augurer ainsi d'après ce qui s'est passé en Australie. Au fur et à mesure qu'elle a progressé vers l'honnêteté et le bien-être, — les deux sont à peu près inséparables, — et qu'elle s'est réhabilitée à ses propres yeux, la société australienne, comme toute société qui veut vivre, a d'elle-même demandé des lois pour se régir et se protéger. Plus tard, s'assurant en ses droits reconquis et protestant contre son origine, elle a demandé et obtenu qu'on ne lui envoyât plus de convicts. Aujourd'hui que sa prospérité est sans limites et sa moralité hors de doute, elle en redemande, pour cette seule raison qu'ils travailleront et lui seront utiles. Elle est si loin de son passé et l'a si bien oublié que ces hommes flétris ne le lui rappellent en rien. Elle les emploiera pour ce qu'ils peuvent donner de force et ne s'occupera peut-être pas de les rendre moralement meilleurs. C'est tout à fait une société régulière.

Ce ne sont point, on l'a vu, les ressources qui manquent à la Nouvelle-Calédonie. Elle a de belles cultures et, par suite même de la dernière insurrection, des terres fertiles en plus grand nombre à donner à ses colons. Elle a son bétail qui se multiplie de plus en plus, ses mines de cuivre d'une abondante richesse, ses mines de nickel qui s'exploitent à nouveau avec succès, ses mines enfin, très réelles, bien que peu explorées encore, d'antimoine, d'argent et d'or. Au point de vue des productions identiques et de la concurrence, sa proximité de l'Australie est pour elle un inconvénient. Mais, si la colonisation pénitentiaire se développait largement, cet inconvénient deviendrait un avantage. Par son mode de recrutement, la population abondera toujours en ouvriers de tous genres, et la main-d'œuvre, plus artistique, plus experte, y sera à meilleur marché. Sous ce rapport et dans les proportions de leurs étendues respectives, l'Australie serait la tributaire de sa voisine.

Enfin, dans ces lointains parages de l'Océanie, la Nouvelle-Calédonie a une réelle importance militaire et maritime. Les guerres en Europe semblent devoir être de plus en plus rapides et foudroyantes; mais aux colonies leur durée sera relativement plus longue.

Les divisions navales s'y rencontreront, pourront tenter sur les possessions ennemies de hardis coups de main, auront besoin d'un point assuré de ravitaillement et de refuge. La Nouvelle-Calédonie est, pour notre plus grand avantage, dans la situation la plus favorable et la meilleure. Si dès maintenant, dans sa rade excellente et parfaitement abritée, Nouméa avait un bassin de radoub ou un dock flottant et un arsenal, Nouméa serait une escale pour beaucoup de navires et une station précieuse pour nos bâtiments ; ils n'auraient plus besoin d'aller à Sydney, qui coûte cher et que la guerre nous fermerait. Malheureusement, le bassin n'a jamais existé qu'à l'état de projet, et les ressources maritimes y sont illusoires. C'est à peine s'il y a, dans un magasin en planches, quelques cordages et quelques barils de goudron venus de France. Tout navire qui s'y fût réparé est forcé de passer outre. Ce n'est là toutefois qu'une question d'accroissement et de prospérité, et, quelque regret qu'on en puisse avoir, on peut l'ajourner. Il n'en est pas de même d'un autre point qui touche à la sécurité de l'île et à l'honneur de nos armes. La Nouvelle-Calédonie a de merveilleuses défenses naturelles. Sa ceinture de récifs l'entoure de toutes parts et n'a que des passes étroites dont les bords sont perfides, où souvent deux navires ne pénétreraient pas de front. Cette ceinture, muraille à pic du côté du large, est presque partout à grande distance de la terre. Quelquefois pourtant elle s'en rapproche et en quelques endroits s'y applique. Mais là où elle cesse d'être une barrière, sinon un rempart, il n'y a que la Calédonie sauvage avec ses rochers et ses bois. Toute descente qu'y tenterait l'ennemi se ferait en pleine brousse, au hasard des marches, sans rien à occuper, sans rien à détruire. D'ailleurs, il ne pourrait mettre à terre que des compagnies de ses équipages ou de faibles forces. La colonie accourrait vite au point menacé ou envahi et rejetterait à la mer les assaillants. Une descente ne saurait être pour elle un réel danger. Partout, au contraire, où se trouvent nos établissements, à Nouméa, à Canala, à Pam, à Teremba, à Bourail, le récif est à plusieurs milles d'eux, les protégeant de son éloignement et de sa continuité, les mettant à l'abri du tir à longue portée. Il y a plus. Entre le récif et la terre, il y a des sentinelles avancées. Ce sont, au ras de l'eau, des îles de corail, avec des soulèvements inégaux du sol, avec des écueils sous-marins. Elles sont çà et là comme des obstacles nouveaux aux navires qui auraient franchi les passes. Enfin, à la côte même, il y a des hauteurs qui en interdisent l'approche, qui dominent la mer. Eh bien, presque nulle part, les défenses effectives ne sont venues en aide à ces défenses naturelles, ne les ont complétées ni rendues efficaces. Sur les seules hauteurs de Nouméa, il y a quelques canons. Ils ne défendront la ville que de trop près, ne la préserveront ni d'un incendie ni d'une destruction partielle. Partout ailleurs, la ruine est certaine. Un ennemi hardi entrera par les passes et, sans s'aventurer à terre, aura nos établissements à la discrétion de son artillerie. Il repartira sans qu'on puisse l'inquiéter, reviendra si cela lui plaît. Il suffirait d'avoir une batterie flottante à chacune de ces entrées de la Nouvelle-Calédonie, à ces passes étroites qu'elle fermerait, et d'établir quelques canons à longue portée sur quelques-unes des îles intermédiaires. Cette nature, si redoutablement passive, aurait dès lors sa force d'action offensive, serait inexpugnable à l'ennemi. Il ne faut pas oublier que l'Australie est tout près de nous, que les Anglais ont aux îles Fidji un point de ravitaillement et d'attaque, que les Américains en auront peut-être un aux Samoa, que les Allemands vont avoir le leur aux îles Tonga. Si la Nouvelle-Calédonie est appelée à un bel avenir colonial, si elle devient pour nous, ce qui est possible, un grand arsenal lointain, il faut qu'aux antipodes de la mère patrie elle soit à l'abri des chances contraires et que ses défenseurs, nos soldats et nos marins, puissent y porter haut le drapeau de la France.

TABLE

I. — La Nouvelle-Calédonie à vol d'oiseau 1
II. — De Paris à San-Francisco. — *Le Labrador*. — New-York. — Transcontinental Railway. — La Prairie. — Le Lac salé.. 21
III. — De San-Francisco à Nouméa. — *La Paloma*. — Taïti. — *La Vire*. — Les îles de l'Océanie........................ 42
IV. — Nouméa. — Amiral Pritzbuer et colonel Galli-Passebosc. — Colons. — Déportés et transportés..................... 65
V. — Le Tour des côtes. — La Baie du Prony. — Les Loyalty. — Pam. — L'Ile des Oiseaux. — Bourail. — Les Mariages de transportés.. 80
VI. — L'Insurrection éclate. — Les Massacres. — Les Déportés armés. — La première Nuit........................... 107
VII. — Le Lieutenant de vaisseau Servan et les Canaques de Canala. — Héroïsme de Servan. — Premiers mouvements en avant. — La Mort du colonel Galli-Passebosc................. 127
VIII. — La Fonwari. — En marche pour Bouloupari. — La Halte du soir à Popidéry. — La maison Daroux.................. 148
IX. — Le Camp à Bouloupari. — Le Retour à la Fonwari. — Les Expéditions sous bois................................ 170
X. — La Colonne. — Les Massacres de Moindou. — L'Attaque du poste de la Foa par les Canaques..................... 192
XI. — Les Premiers exploits de la colonne. — La Journée du 1er septembre. — La Mort d'Ataï..................... 213
XII. — Encore la colonne. — La Vie des Camps. — Le Théâtre. — Nondo. — Diplomatie canaque........................ 234
XIII. — Naouno. — Les Dernières expéditions à la Oua-Tom et à l'île Le Bris. — Reddition des tribus...................... 261
XIV. — Le Régime pénitentiaire et les libérés. — Du présent et de l'avenir de la Nouvelle-Calédonie...................... 280

www.ingramcontent.com/pod-product-compliance
Lightning Source LLC
Chambersburg PA
CBHW060633170426
43199CB00012B/1533